기분이 태도가 되지 않게

姑娘, 别让情绪害了你
作者:柠檬心理

기분이 _____ 태도가 되지 않게

기분 따라 행동하다 손해 보는
당신을 위한 심리 수업

레몬심리 지음 | 박영란 옮김

갤리온
GALLEON

기분이 나를 망치게
두지 마세요

이 책을 집어 든 여러분은 분명 배려심이 많은 성격일 것이다. 내 기분 때문에 남들을 피곤하게 하는 상황을 되도록 피하고 싶다는 생각을 평소에 많이 한 사람일 테니까. 혹은 주변에 자기 기분 내키는 대로 행동하는 사람 때문에 너무 답답해서 이 책을 집었을 수도 있다. 하지만 안타깝게도 가까운 사람들을 미치게 만들 정도로 기분을 드러내는 사람들은 이런 책을 읽지 않는다! 자기가 주위 사람들을 얼마나 힘들게 하고, 분위기를 얼마나 망치는지를 스스로 깨닫지 못하기 때문이다. (그런 사람에게 받는 영향을 줄이고 싶다면 이 책의 2장을 추천한다.)

수년간 레몬심리 플랫폼을 통해 심리 상담을 해오면서, 기분으로 자신을 망치는 이들의 이야기를 수없이 들었다. '망친다'라는 말이 조금 과하게 느껴질 수 있지만 틀린 말은 아니다. 조용한 성품의 사람이었는데 일이 잘 안 풀리자 갑자기 살벌하게 욕을 하더라는 사연도 들었고, 감정 기복이 심한 상사 하나 때문에 사무실 분위기가 냉탕과 온탕을 오간다는 사연도 있었다. 이런 사람들은 자신의 평판을 망치고, 인간관계를 망치며 결국에는 인생을 망친다. 이 책은 기분을 잘 다스리지 못해 기어이 못난 태도로 보여주고 마는 사람들을 위해 썼다. 감정에 끌려다니는 노예가 아니라 주인으로 바로 서는 방법을 배워야 당신의 인생이 달라진다.

　한 사람의 진면목을 보려면 기분이 안 좋을 때를 살펴

야 한다. 기분이 좋은 날은 어려운 일이 별로 없다. 후배의 실수도 너그럽게 이해하고, 다섯 살 아들의 질문 폭격에도 온 성의를 다해 대답해줄 수 있다. 안 하던 선행까지 기꺼이 하게 되는 날이다. 그러나 기분이 안 좋을 때는 어떤가. 모든 게 어렵다. 다른 사람에게 살짝 웃으며 인사하는 것조차 고난도 미션이다. 물론 그 어려운 일을 해내는 사람도 있긴 있다. 기분을 겉으로 드러내지 않고 언제나 같은 온도를 보여주는 사람들 말이다. 하지만 대부분은 자기 안의 감정을 통제하는 데 실패한다.

그만큼 기분을 다루는 일은 쉽지 않다. 내 마음속에서 벌어지는 일들이 결코 만만하지 않기 때문이다. 휘몰아치는 감정을 잠재우는 방법을 어디서 배운 적도 없다. 또한 하루하루가 너무 정신없이 돌아가는 탓에 감정을 돌볼 여유가 없다. 우리는 매일 회사 일로 바쁘거나, 집안 일에 치이며 살아간다. 그렇게 최선을 다해서 일해도 돌아오는 건 상사의 트집과 불만뿐이다. 집에서도 가족끼리 서로 오해하고 원망하며 상처를 입힌다. 원망과 억울함, 분노 등의 감정이 마음속에 차곡차곡 쌓여간다.

이 책은 기분에 대한 이야기로 포문을 열지만 기분에 영향을 미치는 다양한 감정들에 대해 더 깊이 이야기한다. 결국에 감정에 휘둘리지 않아야 기분을 잘 다룰 수 있기 때문이다. 감정이 우리를 어떻게 변화시키는지를 말하고, 그 감정에 대처하는 방법을 소개할 것이다. 그 방법에는 감정을 통제해야 한다는 이야기도 있고, 동시에 감정을 애써 억누르지 않아도 괜찮다는 이야기도 있다. 어떤 상황인지에 따라서, 어떤 감정인지에 따라서 그것을 다루는 방법은 달라진다. 또한 우리가 흔히 부정적으로 생각하는 나쁜 감정들도 쓰기에 따라서 장점이 있다. 최종적으로는 온갖 기분과 감정을 내 편으로 만들어 현명하게 사용해야 한다는 이야기를 하고 싶었다.

감정 관리를 배우는 것은 자신의 필요를 충족시키는 법을 배우는 것이다. '나는 무엇을 기대하고 상대방이 어떻게 해주길 원하는가'를 정확하게 인지하는 방법이다. 당신은 따뜻한 위로를 원할 수도 있고, 상대방이 함께 책임을 나눠주길 원할 수도 있다. 또 누군가가 당신의 감정을 알아주기만을 간절히 바라는 것일 수도 있다. 이처럼 정확한 방향성과 올바른 방법을 파악해야 감정으로 인해 힘들어지지 않을 수 있다.

기분이 태도가 되지 않게

이제 당신이 자신의 감정의 근원을 찾아가고, 부정적인 감정을 제대로 해소할 수 있게 도와주고자 한다. 기분에 끌려다니지 않고 싶은 사람이든, 남의 감정에 상처받고 싶지 않은 사람이든, 감정의 노예로 살아가는 인생에 이미 지친 사람이든 이 책을 읽게 된 것을 환영한다. 부디 이 책이 자신의 감정에 휘둘리지 않는 삶의 첫걸음이 되기를 바란다.

레몬심리

목차

1장_

기분이 태도가
되지 않게

"내 기분은 내 책임입니다."

기분이 안 좋은 날에는 나도 모르게 기분이 밖으로 드러난다. 이러면 안 된다는 걸 알면서 짜증이 솟구치는 것을 참을 수가 없다. 빽 하고 신경질을 낸 뒤에 "왜 화를 내고 그래……"라는 친구의 주눅 든 목소리를 들으면 민망하고 미안하다. 이런 일은 너무나 비일비재하다. 집에서도, 학교에서도, 회사에서도.

다수의 기분이 서로 교차하고 영향을 주며 아슬아슬한 분위기를 만들어내는 가장 대표적인 공간은 일하는 곳이 아닐까? 출근을 하면 사회인의 가면을 쓰고 선을 지키려는 노력을 시작하지만, 누군가에게는 그 선을 넘는 일이 너무 쉽다. 사무실에서 이성을 잃고 버럭 소리를 지르는 사람도 있고, 컴퓨터 키보드를 신경질적으로 두드리는 사람도 있다. 누군가는 '지금 나 건들면 가만 안 돼……'라는 경고를 온몸으로 뿜어내기도 한다.

크고 작은 차이만 있을 뿐이지 누구나 기분을 드러낸다. 내 기분은 내 선에서 끝내야 하는데 나도 모르게 겉으로 드러난다. 하지만 기분과 태도는 별개다. 내 안에서 저절로 생기는 기분이 스스로 어찌할 수 없는 것이라면, 태도는 다르다. 좋은 태도를 보여주고 싶다면, 소중한 사람에게 상처 주고 싶지 않다는 마음만 있다면, 우리는 충분히 태도를 선택할 수 있다.

우리는 감정이 상한다고 해서 울고 떼쓰는 어린아이가 아니다. 아이는 자신이 어떤 감정을 느끼는지도 정확히 알지 못하기에 표정과 몸으로 말한다. 하지만 성인은 다르다. 감정의 종류를 정확히 인지할 수 있고, 그것에 따라 표현 방법을 달리할 수 있다. 또한 엄청나게 격정적인 감정이 아니라면 스스로 통제할 수도 있다. 안 좋은 기분을 털어내고 싶다면 남에게 폐를 끼치지 않는 선에서 표출할 수도 있다.

사회생활을 하다 보면 서로의 기분을 살피고 감정을 나누는 일을 피할 수 없다. 하지만 모두가 서로의 기분을 알아야 할까? 다른 사람은 당신의 기분을 모르고 지나갈 권리가 있다. 당신도 마찬가지다. 다른 사람의 기분을 모르고 지나칠 권리가 있다.

기본적으로 내 감정은 내 책임이라는 것을 인지해야 한다. 출근길에 기분이 상하는 사건이 있었다면 그건 회사 사람의 잘못이 아니고, 회사에서 자존심이 상하는 일이 있었다면 그건 가족의 탓이 아니다. 기분을 망친 대상이 분명할 때는 그 대상에게 확실히 짚고 넘어가자. 화풀이 대상을 잘못 선택하고, 엉뚱한 데에 푸는 버릇을 고쳐야 한다. 나와 조금 더 친밀한 사람, 가깝고 만만한 사람을 대상으로 화풀이를 하는 경우가 제일 최악이다.

"사람이 말을 함부로 하는 것은 자신의 실언에 책임을 지지 않기 때문이다."

맹자가 남긴 명언이다. 아마도 회사에서 기분대로 행동하는 걸로 악명 높은 사람이 있다면 그중 대부분은 높은 직급의 상사가 아닐까. 그런 사람들은 마음대로 기분을 드러내도 자기에게 뭐라고 하는 사람이 아무도 없기 때문에 굳이 조심할 필요성을 못 느낀다. 사람은 누울 자리를 보고 발을 뻗는다.

나는 맹자의 말에 전적으로 동의하지는 않는다. 결국 사람은 자신의 행동에 책임을 진다고 생각하기 때문이다. 회사 상사에게 "기분 안 좋은 거 너무 티 내지 마세요"라고 대놓고 말하는 사람은 거의 없겠지만, 사실 그 사람에 대한 평가는 이미 바닥을 쳤을 것이다. 그

기분이 태도가 되지 않게

는 아무에게도 진심으로 존중받지 못하고 무시당하는 인생을 스스로 선택한 것이다. 사람들은 그저 적당히 비위나 맞춰주면서 지내고 있을 뿐이다.

반대로 자신의 기분을 통제하는 데 능숙한 사람을 보면 존경심이 절로 생긴다. 결코 쉽지 않은 일임을 모두가 잘 알고 있기 때문이다. 안 좋은 감정을 남에게 전달하지 않기 위해서 노력하는 사람. 그게 진짜 어른의 태도가 아닐까.

POINT
내 감정은 내 책임이라는 것을 인지해야 한다.

좋은 태도는 체력에서 나온다

이유 없이 기분이 안 좋고 무기력할 때가 있다. 이럴 때는 직장 상사가 말을 걸어도 아무 대꾸도 하고 싶지 않다. 입꼬리만 간신히 올릴 뿐이다. 평소 같으면 그의 웃기지 않은 농담에도 웃어주고 적당히 분위기를 맞출 텐데 그게 쉽지가 않다.

우리는 흔히 외부 환경과 머릿속 생각이 기분을 좌지우지한다고 생각한다. 하지만 아주 중요한 변수가 하나 더 있다. 바로 체력이다. 인간의 신체와 정신은 서로 긴밀하게 연결되어 있으며 몸 컨디션은 감

기분이 태도가 되지 않게

정에 지대한 영향을 미친다. 몹시 피곤한 상태로 야근을 하고 있는데 끊임없이 질문을 해대는 후배에게 친절하게 대답할 수 있는 사람은 많지 않다. 차갑게 무시할 수는 없어서 억지로 대답을 해주기는 하지만 누가 봐도 기계적인 반응이다. 매일 피곤한 사람은 결코 다정한 선배가 될 수 없다.

우리의 기분은 몸의 신호 하나하나에도 반응한다. 섭취하는 음식과 수면의 질, 호르몬 변화와 컨디션은 너무도 중요하다. 하룻밤 잘 자고 일어나면 의욕이 넘치지만 저녁 즈음 퇴근길에는 갑자기 인생에 회의감이 든다. 잠이 부족하면 하루 종일 아이처럼 까칠한 잠투정을 해댄다. 다 큰 성인인데도 그렇다. 몸이 아프면 머리로는 그러면 안 되는 걸 알면서도 툴툴대고 신경질을 내서 주위 사람을 지치게 만든다. 신체적 고통에 모든 신경이 집중되면 다른 사람을 위한 배려는 감정 노동으로 느껴질 뿐이다.

뚜렷한 이유 없이 기분이 안 좋을 때면 자신에게 3가지 질

기분이 안 좋을 때면 질문을 던져보자.

밥은 제대로 챙겨 먹었나?
요즘 잠은 제대로 잤나?
운동은 좀 하고 있나?

문을 던져보자.

밥은 제대로 챙겨 먹었나?
요즘 잠은 제대로 잤나?
운동은 좀 하고 있나?

내게 이 질문들을 던져보면 역시나, 내 몸을 잘 돌보지 않고 있을 때가 많았다. 이럴 때마다 나는 속으로 안도했다. 도저히 이유를 알 수 없는 기분 변화가 정답이 모호한 논술 문제라면 몸 상태로 인한 기분 변화는 정답이 확실한 수학 문제 같았기 때문이다. 몸은 거짓말을 하지 않아서 운동을 하는 것만으로도, 잠을 충분히 잘 자는 것만으로도 기분이 한결 나아졌다.

어느 날은 괜히 신경질이 난다 싶었는데 초콜릿 하나를 먹었더니 바로 마음이 차분해졌다. 정신없이 일하느라 당이 떨어졌다고 외치는 몸의 신호를 놓치고 있었던 것이다. 물 한 잔으로 기분이 바로 나아진 적도 있다.

한 끼 식사도 우습게 여겨선 안 된다. 영양학자는 감정 기복 또한 음식과 관련이 있다고 말한다.

게을러진 정신 또한 체력으로 개선할 수 있다. 무엇이든 몸이 뒷받침되어야 도전하고 시도할 수 있다. 포기하고 싶은 마음이 들 때는 체력의 한계에 부딪히지 않았는지도 함께 살펴야 한다. 머릿속 모든 생각들이 비관적으로 흐른다면 유산소 운동을 해보자. 긍정적인 마음의 힘이 다시 솟아오를 것이다. 몸과 마음을 함께 돌봐야 나에게도 남에게도 정성을 다할 수 있다.

한 가지 더. 배가 고프거나 피로가 누적되어 있을 때는 중요한 결정을 내리지 않는 것이 좋다. 색안경을 쓴 채로 세상을 바라보기 때문에 이때의 판단은 믿을 만하지 않다. 며칠간 잠을 못 자서 정신이 또렷하지 않을 때는 무엇을 배우지도 말고, 중요한 미팅이 있다면 미뤄라. 부정적인 의견으로 미팅을 망칠 수 있기 때문이다. 수면 부족은 짜증을 유발하고 스트레스를 증가

기분이 태도가 되지 않게

시키며 자신감을 떨어뜨린다. 이럴 때 해결 방법은 아주 단순하다. 당신에게 필요한 것은 오로지 잠, 달콤한 잠일 뿐이다.

POINT
남에게 건네는 다정한 한 마디는 튼튼한 체력에서 시작된다.

지적받았을 때 당황하지 않고
웃으며 대처하는 법

다른 사람에게 지적을 받았을 때 어떤 태도를 보이는 가는 매우 중요하다. 남의 문제 제기를 반갑게 받아들이는 사람은 드물고, 그렇기에 자신의 그릇이 드러나기 딱 좋은 상황이 된다. 한번은 친구에게 큰맘 먹고 쓴소리를 한 적이 있는데, 내 이야기를 진지하게, 그러면서도 상쾌하게 받아들이는 모습을 보며 그 친구에 대한 인상이 완전히 달라진 적도 있다.

그러나 좋은 태도를 보이는 사람보다는 감정이 앞서는 사람을 훨씬 많이 보았다. 문제를 지적받았을 때 자

기분이 태도가 되지 않게

신이 공격받았다고 느끼는 사람들이 있다. 공격을 받았는데 기분이 좋을 리 없다. 순간적으로 기분이 상한 것을 숨기지 못하고 어설픈 변명을 하거나 상대를 괜히 원망한다.

패스트푸드점에 앉아 있는데 같이 숙제를 하고 있던 중학생 둘이 나누는 대화가 들렸다.

"너 이 문제 틀렸어!"
그러자 다른 학생이 발끈해서 반박했다.
"아니거든? 네가 틀린 거 아니야?"
그러자 처음 문제를 제기한 학생이 다시 계산을 해보고는 말했다.
"네가 틀린 게 맞아. 다시 계산해봤다고."
어쩔 수 없이 다시 문제를 풀어본 학생은 자신이 틀렸다는 것을 알게 되었다. 그러고는 신경질적으로 답을 고쳐 쓰면서 한 마디를 덧붙였다.
"아, 마지막 단계에서 실수했나 보다. 여기 너무 시끄러워서 정신 사나워. 너도 마찬가지야. 가까이 오지 마.
집중 안 되잖아."

잘못을 지적당한 학생은 당황하고 있었다. 자신이 틀
렸다는 사실을 인정하고 싶지 않았던 것이다. 상대방
은 그저 단순한 의문을 제기하거나 조언을 했을 뿐인데,
듣는 사람은 어딘가 심기가 불편한 듯 자신의 옳음을 증
명하기 위해 반박에 나선다. 하지만 변명하면 할수록 점
점 더 헤어날 수 없다는 느낌만 받을 뿐이다. 우리는 이
런 상황을 매우 자주 접한다.

"오늘 늦었네요."
"아, 오늘 날씨가 이래서 차가 엄청 밀리더라고요."

"자료에 문제가 많네요."
"그럴 리가요. 이거 만들려고 제가 며칠 밤을 새웠는
지 아세요?"

기분이 태도가 되지 않게

자신이 틀렸다는 것을 이미 인식하고 있다 하더라도 변명을 하는 사람들은 왜 그러는 걸까? 일반적으로는 자존심을 보호하기 위해서다. 심리학적 관점으로 보면 변명하는 것은 인간의 자기보호 본능 중 하나다. 팔팔 끓는 물에 손이 닿자마자 움츠리는 것은 스스로 통제한 반응이 아니라 본능이다. 위험을 회피하는 본능 덕분에 인간은 자신의 몸과 마음을 건강하게 유지하고 보호한다.

하지만 이것이 우리가 잘못을 직면하고도 인정하지 않는 핑계이자 이유가 되어서는 안 된다. 남의 지적을 보다 긍정적이고 건강하게 활용하지 못하면 겉으로는 강하지만 실제로는 연약하고 편협한 사람이 되기 쉽다. 자기 부정이 가져다주는 잠깐의 위안에서 벗어나야 한다.

누군가가 문제 제기를 한다면, 그 말에서 감정을 분리하는 버릇을 들여라. 언뜻 들으면 상대의 말이 나를 상처 주기 위한 것처럼 느껴지지만 사실 내 기분이 만들어낸 오해일 때가 많다. 상대의 비판을 통해 자신의 결점을 발견하고 부족함을 개선해서 더 나은 사람이 되자. 얼마나 좋은 일인가? 타인의 지적을 자신의 동력으로 삼는 태도. 성숙한 어른만이 보여줄 수 있는 모습일 것이다.

POINT

다른 사람에게 지적을 받았을 때 어떤 태도를 보이는지에 따라 나의 그릇이 드러난다.

기분이 태도가 되지 않게

사소한 불평이 하루를 망친다

"넌 왜 이렇게 불만이 많아?"

고등학생 때 친구에게서 이런 질문을 들었을 때 머리를 얻어맞은 듯 멍해졌다. 내가 불만이 많다고는 단 한 번도 생각하지 못했기 때문이다. 친구에게 너무 미안했고, 어디론가 숨고 싶을 정도로 부끄러웠다.

"버스에 사람이 너무 많아, 짜증 나!"
"왜 이렇게 더워, 짜증 나!"

습관적인 불평은 내 하루를 망치고,
내 관계를 망치며 결국 나를 망쳤다.
엉망인 하루하루가 모여 결국에 나는
'불만이 많은 친구'가 되어 있었다.

그때는 하루에도 몇 번씩 친구에게 짜증을 부렸다. 모든 일에 불만이 많았고, 불평거리가 떠오를 때마다 짜증이 났다. 그야말로 '짜증 난다'는 말이 입에 붙어 있던 시절이었다. 슬플 때도 짜증 난다고 말하고, 화가 났을 때도 짜증 난다고 말했다. 온 세상이 나를 짜증 나게 만들기 위해 돌아가는 것 같았다.

무엇이 내 마음에 그렇게 안 들었을까? 지금 생각해보면 그렇게까지 거슬릴 일도 아닌데 습관적으로 불평을 했던 것 같다. 이런 습관적인 불평은 내 하루를 망치고, 내 관계를 망치며 결국 나를 망쳤다. 엉망인 하루하루가 모여 결국에 나는 '불만이 많은 친구'가 되어 있었다.

모두 속으로는 잘 알고 있을 것이다. 사사건건 불평을 한다고 해서 자신에게 이득이 될 일은 전혀 없다는 것을 말이다. 자신이 지금 얼마만큼 불만족스러운지를 밖으로 표현해봐야 상황은 전혀 나아지지 않는다! 나아지기는커녕 주변의 분위기를 더 나쁘게 만들고, 다른 사람의 기분마저 망가뜨리고 만다. 그러나 짜증스러운 불평을 쉽게 멈출 수도 없다.

사실 불평은 나 자신을 위한 것이다. 불평의 대상인 친구나 가족, 상사, 환경 등은 대체로 자기 바깥에 있는 것들이다. 그들을 원망하는 마음의 근원을 따라가 보면 '나는 옳고 너는 틀렸다'라는 생각이 자리 잡고 있다. 이 어처구니없는 믿음 때문에 '나'는 나의 '진심'을 참지 못하고 말로 내뱉고 마는 것이다. 불평하는 습관이 들면, 일이 잘 풀리지 않을 때마다 자신에게서 원인을 찾는 대신 다른 사람을 부정하고 비꼬게 된다. 다른 사람을 깎아내리고 자신의 행위를 치켜세우면서 우월감과 쾌감을 느낀다. 그러나 이런 쾌감은 눈 깜짝할 사이에 사라지고 아무런 이득을 가져다주지 못한다.

그렇다면 짜증을 내며 불만을 표출하면 답답했던 기분이라도 나아질까? 그것도 아니다. 툴툴대는 내가 싫어져서 기분은 더 최악으로 치닫는다. 설상가상으로 주

기분이 태도가 되지 않게

변 사람들마저 점점 나에게 질리는 게 느껴진다. 나의 못난 성격으로 주변 사람이 등을 돌리는 것만큼 힘든 일도 없다. 도대체 어떻게 해야 불평을 멈출 수 있을까?

불평하는 순간순간을 인식해라

미국의 유명한 목사인 윌 보웬은 '불평 없이 살아보기'라는 캠페인을 시작했다. 21일간 보라색 밴드를 한쪽 손목에 차고 다니다가, 스스로 불평하고 있다는 걸 알아차릴 때마다 밴드를 다른 팔목에 옮겨 차고 처음부터 다시 시작하는 캠페인이다. 많은 사람들이 이 캠페인을 환영하며 기꺼이 동참했고, 불평하는 습관을 고치는 데 큰 도움을 받았다.

나에게 불평하는 습관이 있는지를 깨닫는 과정이 가장 중요하다. 내가 친구에게 지적을 받고, 그때부터 말과 행동을 의식하기 시작했듯이 자신에게 나쁜 습관이 있다는 것을 알아야 고칠 수 있다.

나를 불평하게 만드는 상황을 어떻게 바꿀 수 있을지 고민해야 한다. 어머니의 집착과 잔소리가 불만이라면, 어머니와의 관계를 어떻게 바꿀 수 있을지 생각해보자. 매번 짜증스러운 대꾸로 응하지 말고, 문제를 발견하고 분석하고 해결해라.

그러나 내가 통제할 수 없는 것들에 대해 또다시 구시렁거리고 있다면, 그것에 대해 생각하기를 포기하라. 날씨가 춥고 덥고 같은 일 하나하나에 불만을 가지기 시작하면 스스로 멈출 수 없다. 불평은 사람의 에너지를 가장 많이 소모하는 무익한 행위다.

POINT

불평을 한다고 해서 상황이 나아지지 않는다. 통제할 수 없는 것들에 대해 불평하는 것을 멈춰라!

당신이 와르르 무너지던 순간 잃어버린 것

성격이 활발한 K는 학교 다닐 때부터 학생회장을 맡아왔고 각종 대회에 학교 대표로 참가하기도 했다. 졸업 후 취업을 해서도 그녀의 적극적인 성격은 사라지지 않았다. 일하는 태도가 훌륭한 것은 물론이고 조금씩 실적을 올리며 자신의 자리를 잡아가고 있었다. 팀장은 그녀를 무척이나 아끼고 신임했다. 그러나 갑자기 팀장이 전근을 가게 되면서 새로 들어온 직원이 K의 팀장이 되었다. 새 팀장은 K와 일하면서 적잖은 마찰을 일으켰다. K를 사사건건 비난하고 질책했으며 결국 그녀를 승진 대상자 명단에서 누락시켰다. 그녀는 엄청난 심

자아 정체성이 확립되어 있지 않으면
누가 자신을 칭찬해줘야만
자신을 좋은 사람이라 생각하고,
자신을 비난하는 말을 들으면 이내 자기를 의심한다.

리적 박탈감에 퇴사를 고민하기 시작했다.

"내가 이렇게 열심히 일하는데, 저 사람은 대체 나에게 왜 이러는 거지? 일부러 날 못살게 구는 건가? 그럼 내가 이렇게 죽어라 일할 필요가 있을까? 잘하든 못하든 어차피 결과는 똑같은데."

K는 이런 마음으로 일부러 새 팀장과 갈등을 빚었다. 대답은 들리지도 않을 정도로 최대한 무성의하게 했고, 보고 날짜를 습관적으로 미뤘다. 회사에서의 이런 태도는 가족과 친구들을 대할 때에도 영향을 미쳤다. 괜한 고집을 부렸고, 요구 사항이 들어지지 않으면 '그럼 그렇지……' 하며 너무 쉽게 포기했다. 사람들이 자신을 무시하는 것이 당연하게 느껴졌고, 그럴수록 더더욱 아무 의욕도 생기지 않았다. K의 변화는 주변 사람들을 놀라게 했다. 왜 이렇게 사람이 변했을까? 사실은 모두 K의 자아 정체성에 문제가 생겼기 때문이다.

자아 정체성이란 개인이 자신의 경험을 바탕으로 내가 누구인가를 스스로 되돌아보는 것이다. 어려서부터 부모님과 선생님의 관심과 애정을 한 몸에 받으며, 항상 모범적인 모습만 보이며 살았던 K는 애초에 진정한 자아 정체성을 확립하지 못했다. 자신이 믿고 있던 자신에 대한 확신은 자아 정체성이라기보다는 사회적 정체성에 더 가까웠다. 헌신하던 직장에서 인정을 받지 못하자 자신감이 한순간에 와르르 무너져버린 것은 그 때문이다. 쉽게 말해서 그녀가 이해한 '나'는 다른 사람이 평가한 자신의 모습이었다. 누군가가 자신을 칭찬해줘야만 K는 자신을 좋은 사람이라고 생각했다. 반대로 자신을 비난하는 말을 들으면 이내 자기를 의심하곤 했다.

K가 보여준 적극적이고 활발한 모습은 그녀의 수동적인 성격에서 나온 산물이었다. 그녀는 이미 사회적 정체성에 맞춰 자신의 존재 가치를 확인하는 데 너무나 익숙했기 때문에 타인의 부정과 비판을 받아들일 준비가

기분이 태도가 되지 않게

되어 있지 않았다. 오히려 외부로부터 인정을 받기 위해 안간힘을 쓰는 삶이 더 익숙했다. 자신을 버티게 해주는 것들이 사라질까 봐 두려움에 사로잡힌 채 살아온 것이다.

K가 이처럼 자포자기한 듯 노력을 그만둔 것은 열심히 살아봐야 더 이상 아무도 자신을 중요하게 여기지 않는다고 판단했기 때문이다. 이 생각은 자신이 쓸모없고 가치 없는 존재라는 생각으로 확장되고 말았다.

이런 궁지에서 벗어날 수 있는 해결책은 결국 자아 정체성을 확립하는 것이다. 내가 누구인지 다시금 인식해야 한다. 자신의 능력과 본성에 대해 두루 잘 알고 있다면, 외부적인 평가와 판단이 자신에게 미치는 영향력을 줄일 수 있다. 나를 잘 알아야 남의 평판에서 자유로워질 수 있다.

자신을 새롭게 인식하려면 꼭 생각해봐야 할 4가지 질문이 있다.

"나는 누구인가, 나의 본성은 어떤가?"

"나는 어떤 사람이고, 나의 장점은 무엇인가?"

"나는 어떤 사람이 되고 싶은가, 나의 소망과 이상은 무엇인가?"

"나는 어떤 사람이 되어야 하는가, 나의 도덕성과 가치관은 무엇인가?"

자기 확신은 힘든 일을 겪을 때 가장 흐려진다. 나를 관찰해서 자아 정체성을 확립하는 일은 힘든 시기에 당신을 이끌어주는 힘이 될 것이다.

POINT

자신에 대해 잘 알고 있으면 외부의 평가가 자신에게 미치는 영향을 줄일 수 있다.

기분이 태도가 되지 않게

버럭 화내기 전에 생각해봤나요?

친구 J를 알고 지낸 지 여러 해가 되었는데 언제부터 인가 그녀가 벌컥 화를 내는 바람에 깜짝 놀란 일이 여러 번 있었다. 예전의 J는 그렇게 화를 내는 사람이 아니었다. 오히려 감정을 크게 표현하지 않는 편이어서 시험 성적이 생각보다 좋지 않을 때 시무룩해지는 게 전부였다. 하지만 성인이 되어 회사를 다니고부터 성질이 매우 날카로워졌다. 크든 작든 모든 일이 자기 뜻대로 되지 않으면 무조건 화부터 내고 봤다. 쇼핑을 할 때 마음에 드는 신발을 사지 못하면 화가 나서 동행에게 날카롭게 대꾸했고, 주말 캠핑을 할 때는 몹시 기대했으면서도 캠핑 자리가 마음에 들지 않는다는 이유로 내내 굳은 얼굴을 하고 있다가 애먼 친구에게 화풀이했다. 이런 사소한 일로 화를 내는 것은 이미 J의 일상이 되어버렸다.

이로 인해 그녀 또한 고민이 많았다. 자기 뜻대로 되지 않는 일이 왜 이렇게 많은지, 왜 화를 참을 수 없는지 내게 묻곤 했다. 사실 너무 흔한 고민이다. 우리도 항상 다른 사람들은 대체 왜 저러는 것인지, 하늘은 왜 이리 불공평한 건지 이해를 하지 못한 채 살아간다. 하지만 정말 나를 둘러싼 것들이 원인일까?

우리는 상대방이 내 말을 듣지 않는다고 화를 내고, 일이 뜻대로 되지 않는다고 화를 낸다. 그렇다면 이렇게 생각해보자. 왜 상대방이 당신의 말을 꼭 들어야 하는가? 왜 모든 일이 원하고 기대하는 대로 착착 진행되어야 할까? 입장을 바꿔서 생각해볼 필요가 있다. 모든 일이 뜻대로 되길 바라며 기대감을 가지고 있다면,

기분이 태도가 되지 않게

그렇지 않을 가능성 또한 열어두어야 한다. 당신도 모든 일에 있어서 남의 말을 듣고 행동하지는 않을 것이다. 다른 사람에게도 이와 같은 자유가 있다. 사실 생각해보면 화낼 만한 일은 그리 많지 않다.

친구와 게임을 하다가 져서 화가 나기 시작했다고 치자. 하지만 원래 게임에는 승자와 패자가 존재하기 마련이다. 당신이 화가 난 이유를 좀 더 자세히 짚어보자면, 게임이 원하는 방향으로 흘러가지 않아서 화가 난 게 아니라 당신의 통제욕이 완전히 충족되지 않아서 화가 난 것이다. 상대방은 당신의 말을 듣기 위한 존재가 아니다. 인간은 독립된 개체로 존재하기 때문에 다른 사람의 의지력을 자신의 생각대로 하려고 해서는 안 된다. 통제욕을 버리면 모두가 편안해질 수 있다.

그러나 여전히 화가 불쑥불쑥 치미는 순간을 맞이할 것이다. 그 순간을 부드럽게 지나갈 수 있도록 도와주는 임기응변을 익히는 것은 도움이 된다.

상처 주기 전에, 심호흡 3번

화가 나면 감정을 통제하기 어려워져서 남에게 상처 주는 말을 쉽게 내뱉는다. 이때 잠시 정신을 차리고 심호흡을 해보자. 숨을 3초간 들이쉬고 2초간 내쉬기를 3번 반복하는 아주 단순한 호흡이다. 심호흡은 몸에 산소를 고르게 공급해주어서 뇌의 온도를 내리고 근육의 긴장을 풀어준다. 단순히 숨을 크게 들이쉬고 내뱉는 것만으로도 몸은 크게 이완되고, 순간적인 감정도 안정을 되찾는다. 천천히 부정적인 감정에서 빠져나오는 과정을 느껴보자.

다른 환경에 나를 놓을 것

부정적인 감정이 몰려올 때 어떤 환경에 놓여 있는지는 매우 중요하다. 화가 났을 때 상대방을 보고 있으면 더 큰 화가 치밀어 오르고 마음이 복잡할 때 침대에 누워 가만히 있으면 생각이 더 많아져서 더욱 괴로워진다. 자신의 감정에 부정적인 변화가 생겼음을 인식했다면 당장 자리에서 일어나 밖으로 나가라. 1미터 거리의

기분이 태도가 되지 않게

밖이라도 지금의 환경에서 벗어날 수 있다면 기분이 훨씬 나아지고 마음도 가벼워질 것이다.

마음속의 일시정지 버튼

화가 나기 직전에 마음속으로 일시정지 버튼을 눌러라. 그리고 방금 일어난 일을 되새기며 화를 낼 만한 일인지를 따져보자. '정말 그렇게까지 화를 낼 일인가?' 스스로 몇 차례 물어보고 나면 대부분은 '그렇게까지' 화낼 일이 아니다.

POINT

상대방은 당신의 말을 듣기 위한 존재가 아니다. 통제욕을 버려야 마음이 편안해진다.

2장

내 기분까지
망치는 사람들과
거리 두는 방법

네 감정은 내 것이 아니다

회사에서 이런 장면을 한 번쯤 본 적이 있을 것이다. 출근 시간이 가까워지면 동료들이 하나둘씩 사무실로 들어온다. "안녕하세요"라는 인사가 여기저기서 들려오고 모두들 애써 즐거운 하루를 시작하려는 순간, 마지막으로 들어오는 한 사람의 낯빛이 어둡다. 어디서 돈이라도 떼인 사람처럼 나타나서 인사도 안 받고는 자기 자리에 앉아 주위에 아무도 없는 것처럼 행동한다. 방금 전까지만 해도 화기애애하던 사무실 분위기가 순식간에 차가워지고 먹구름이 드리운 것처럼 어두워진다. 밝게 인사하던 동료들의 기분도 가라앉아 어색하게 자기 자리로 돌아가 앉는다.

한 사람이 밖으로 표현하는 기분의 에너지는 생각보다 강력해서 사무실 전체 분위기를 좌우하기도 한다. 사람과 사람이 만나면 서로의 감정은 교류되어 일상의 모든 영역에 지대한 영향을 미친다. 이것이 '감정 전염'이다. 희로애락을 포함한 모든 감정은 아주 짧은 시간에 한 사람에게서 다른 사람에게 전염된다. 이 전염 속도는 생각보다 빨라서 때로는 당사자가 알아차리지 못할 때도 있다.

특히 남의 감정에 쉽게 전염되는 사람이 있다. 자신의 중심이 단단하게 서 있지 않으면 남에게 금방 중심을 빼앗기고 만다. 이런 사람들은 다른 누군가로부터 안 좋은 감정을 얻어왔음에도 스스로를 탓하고 자기도 모르게 지쳐버린다. 심지어는 감정 기복이 심하다며 자신을 깎아내린다.

남에게서 가장 경계해야 할 감정은 우울감이다. 만약 상대방이 크게 분노한다면 우리는 이를 방어할 수 있다. 분노는 자극적인 에너지라서 자신에게 안 좋으리라는 것을 빠르게 알아차릴 수 있다. 심하게 분노하는 이를 비판적으로 생각하기도 한다. 그러나 우울은 다르다. 우울한 사람의 에너지는 아주 천천히 전염된다. 무기력 또한 경계해야 할 타인의 감정이다. 한 팀원이 "잘 안 될 것 같아", "그냥 대충하자" 등의 말을 자주 하면 팀 전체가 서서히 사기를 잃는다.

남의 기분에 영향 받지 않기 위해서는 기분의 출처를 정확히 해야 한다. 타인에게 전염된 기분이라고 판단되면, 과감하게 쳐내는 연습을 해보자. 남의 감정까지 내가 감당해야 할 의무는 없다. 지금 나의 기분이 '내 것'이 아니라는 것만 깨달아도 그 무게가 훨씬 가벼워져서, 내 안에서 흘려보내는 일이 그리 어렵게 느껴지지 않을 것이다.

지금까지 얘기한 것만 보면 감정 전염이 부정적인 영향만 미치는 것 같지만 사실은 그렇지 않다. 감정 전염에도 긍정적인 면이 있다. 밝고 즐거운 기분이 넘친다면 주변 사람에게 좋은 기분을 전달할 수 있다. 유쾌한 감정들로 기분이 좋다면 흘려보내지 말고 마음속에 차곡차곡 쌓아두자. 언젠가 자신의 좋은 기운으로 다른 사람의 기분까지 끌어올려줄 수 있을 것이다.

POINT
타인에게 전염된 기분은 과감하게 쳐내버리자!

기분이 태도가 되지 않게

부정적인 사람, 나의 에너지 도둑

"계획은 뭐하러 세워, 어차피 금방 관둘 거잖아."
"우린 안 될 거야, 아마."

요즘 들어 부쩍 이런 이야기를 하는 친구들이 늘었다. 농담이 섞여 있기는 하지만 대부분은 진심이다. 다 같이 자학하며 웃는 순간이 가끔은 재미있게 느껴지기도 한다. 하지만 한 사람의 부정적인 에너지는 함께 있는 사람의 기분을 가라앉히고 우울하게 만든다.

부정적인 에너지에 휩싸인 사람은 하소연하기를 좋

아한다. 나만 힘들고 괴롭다는 생각을 하는 게 매우 억울한 사람들이다. 그래서 앞에 앉은 친구도 자기와 같은 감정을 느끼면 좋겠다고 생각한다. "나는 안 될 거야, 아마"에서 그쳐도 되는 말을 "우린 안 될 거야, 아마"라고 해버리는 것이다. 상대방을 자신의 상태로 끌어내린다고 해서 자기 기분이 나아지는 것이 아닌데도.

부정적인 에너지를 뿜는 사람들에게서 공통적으로 나타나는 특징을 살펴보자.

지나친 자기애에 빠진 사람

자신과 무한한 사랑에 빠져 있는 사람은 자기 빼고 모든 사람이 무능하다고 생각한다. 다른 사람의 감정을 이해하지 못하고 공감능력이 부족하다. 때로는 다른 사람을 공격하고 무시하는 방법으로 자신의 우월감을 표현하기도 한다.

기분이 태도가 되지 않게

과거를 자꾸 소환하는 사람

행복했던 과거와 지금의 처지가 뚜렷한 대비를 보이면 현실을 부정하고 싶어진다. 현재의 자신이 너무 마음에 들지 않아서 잘나갔던 과거를 끊임없이 대화의 소재로 끌어올린다.

불평이 끊이지 않는 사람

부정적인 에너지를 안고 사는 사람을 만나면 어딘지 모르게 불편함이 느껴진다. 그들이 하는 말을 유심히 들어보면 습관적으로 문제의 원인을 다른 사람의 탓으로 돌리는 것을 알 수 있다. 자신에게 문제가 없으니 책임을 질 필요도 없다고 생각해서 자신을 바꿀 필요도 없다고 생각한다.

늘 "아니"라고 말하는 사람

그들은 방어적으로 문제를 바라보고 모든 일에 비관적인 태도로 일관한다. 낙관적인 성향의 사람이 미지의 사건을 경험할 때 가장 먼저 하는 행동이 탐색인 것과 달리, 방어적인 사람은 아예 탐색조차 하지 않는다. 위험을 무릅쓰려 하지 않고, 시도하지 않는다. 늘 방어적인 태도를 취하기 때문에 언제나 좋은 기회를 놓친다.

안 좋은 소문을 흘리는 사람

다른 사람에 대해 안 좋은 이야기를 많이 한다. 끊임없이 누군가를 욕하고 질투한다. 나쁜 에너지로 가득한 이야기에 모두가 흥미를 느끼고 공감해주면 그제서야 만족한다.

이런 사람들과 오래 시간을 보내고 온 날은 격무에 시달리고 퇴근한 날처럼 몸과 마음에 힘이 없다. 에너지 도둑에게 기운을 다 빨리고 왔기 때문이다. 되도록 에너지 도둑을 멀리하라고 권하고 싶지만 현실적으로 힘든 상황이라면, 그들을 대하는 방법을 익혀야 한다. 절대, 마음의 준비 없이 그들을 만나지 마라.

기분이 태도가 되지 않게

남들이 하는 대로 휩쓸리다 보면 부정적인 에너지에 쉽게 틈을 내주게 된다. 자꾸만 다른 사람의 불평만 들어주면 자신도 어느새 불평이 늘 것이다. 남의 기분을 맞춰주거나 대화 분위기에 휩쓸리기보다는 내가 되고 싶은 나의 모습에 집중하자. 자기만의 뚜렷한 입장과 주관을 중심으로 옳고 그름을 분별할 수 있다면 누군가 당신에게 불평을 늘어놓을 때 선택적으로 무시할 수 있다.

에너지 도둑이 나도 같은 불평을 해주기를, 자신의 의견에 동조해주기를 기대할 때 과감하게 무시하라. 나 때문에 대화의 흐름이 살짝 어그러져도 괜찮다. 습관적으로 남 욕하기, 문제 있으면 남 탓하기 등 안 좋은 이야기들이 그득한 대화의 장에서 나를 지키는 것이 더 중요하다.

주변에 좋은 사람을 두어라

자신과 잘 맞는 친구들과 모임을 만들어 생각과 감

누군가의 부정적인 에너지가 내 영혼에 치명적인
영향을 미친다면 서서히 거리를 두고 멀어져라.

정을 교류하다 보면 좀 더 밝고 긍정적인 기운을 얻을 수 있다. 누군가의 부정적인 에너지가 자신의 영혼에 치명적인 영향을 미친다면 서서히 거리를 두고 멀어져도 괜찮다. 모든 사람은 자신이 좋아하는 사람들과 지내고 교제할 권리가 있다.

그래도 이건 잊지 않으면 좋겠다. 에너지 도둑을 멀리해야 자신을 지킬 수 있는 것은 맞지만 부정적이라는 성격의 특성은 한 개인의 일부일 뿐이며 전부를 대표할 수 없다. 모든 일에는 원인이 있는 법. 당신의 에너지 도둑이자 친구인 그는 부정적인 에너지에 갇혀 인생의 슬럼프를 겪고 있을 수도 있다. 그러니 가끔은 그가 기분 전환을 하고 다른 시각을 가질 수 있도록 도와주는 것도 필요하다.

POINT
안 좋은 에너지가 그득한 대화의 장에서 나를 지켜내자.

막말하는 사람들의 흔한 착각

친척 어른 중에 제멋대로 감정을 표출하는 자신의 성격을 시원시원하고 솔직하다고 자부하는 분이 있었다. 그 어른을 만나면서 깨달았다. 사람은 남의 성격에는 몹시 깐깐한 잣대를 들이대면서 자신의 성격에는 굉장히 관대하다는 것을 말이다.

우리는 자신의 태도에 한없이 너그러워진다. 버릇없고 방탕하게 살면서 스스로를 '자유로운 영혼'이라고 착각하는 사람도 있다. 이건 약과인 편이다. 식당에서 부끄러운 줄도 모르고 갑질하면서 착하게 굴면 호구가

기분이 태도가 되지 않게

되는 세상이라 어쩔 수 없다고 말하는 인간도 봤다. 이런 사람들은 결국 주위 사람들을 하나둘씩 떠나보낸다. 내키는 대로 말하고 행동하는 태도는 날카로운 화살이 되어 다른 사람의 마음에 상처를 남기기 때문이다. 일방적인 상처가 덧날수록 관계가 위태로워지는 것은 시간문제다.

어려서부터 거침없는 입담을 자랑하던 Y는 입만 열었다 하면 막말을 쏟아냈다. 누구든 실수로 Y의 심기를 건드렸다면 그의 날선 분노를 피할 생각은 하지 않는 게 좋았다. 그는 자기 스스로를 '할 말은 하는 사람'이라고 생각했기 때문에 자신의 성격에 대해 고민조차 하지 않았다. 오히려 자신을 대표하는 개성이라고 생각했고, '독설가'라는 남들의 평가를 은근히 즐겼다.

그러다 갑자기 Y에게도 고민이 생겼다. 그의 가시 돋친 말에 견디지 못한 아들이 버럭 대든 것이다. "나한테 매일 욕만 하고, 이제는 더 이상 못 참겠어. 아빠는 사소한 일에도 엄마를 가만두지 않잖아. 나도 더 이상 아빠가 욕하는 걸 듣고 싶지 않아!" 그 뒤로 지금까지 부자 사이의 냉전은 끝나지 않았다. 그나마 다행인 것은 Y가 자신의 문제를 깨닫고 해결 방안을 적극적으로 모색한다는 점이었다.

Y의 문제는 할 말을 속에 쌓아두지 않고 표출하는 일이 솔직하다고 믿는 점이었다. 하지만 솔직하다는 평가는 지나치게 긍정적인 해석일 뿐, 그는 언어폭력을 남발하는 가해자였다. 과격한 언어로 상대방을 공격하면서 자신의 존재감을 과시했고, 스스로를 상대보다 우월하다고 느꼈다. 이런 사람은 남의 기분을 절대 고려하지 못하고 자신의 비난이 상대방을 위한 것이라고 생각한다.

거침없이 말하는 태도가 긍정적으로 해석되기 위해서는, 정말 애정에서 비롯된 마음으로 상대방의 잘못을 정확하게 알려주어야 한다. 굳이 막말을 할 필요는 없

기분이 태도가 되지 않게

다. 하지만 보통은 날카로운 독설을 쏟아내는 자신에게 심취해 있는 경우가 많아서 남에게 애정을 보여주지 않는다.

　일침을 놓는 데 골몰하기보다는 상대방의 말에도 귀를 기울여주자. 평소에 남의 기분을 먼저 고려하는 습관이 들지 않았다면 쉬운 일은 아닐 것이다. 그럴 때는 자기 마음대로 하는 바람에 좋지 않은 결과를 이끌었던 경험을 떠올려보자. 내가 자랑스럽게 여겼던 나의 성격이 누군가에게는 끊임없이 상처를 주고 있었다는 것을 인정하자. '생각을 거침없이 말하는 솔직한 나'는 다른 사람을 함부로 대해도 된다는 변명이 될 수 없다.

POINT
당신의 안 좋은 태도를 좋게 포장하지 마라. 이런 생각은 스스로를 기만하는 자기암시에 불과하다.

실망을 잘 다뤄야 인간관계가 힘들지 않다

실망이 두려워서 자연스럽게 생기는 기대감을 억누른 적이 있다. 아니, 솔직히 말하자면 그런 적이 아주 많다. 시험 점수가 잘 나오리라 기대하지 않으려고 애썼고, 소개팅에 나가기 전날, 괜찮은 상대가 나오면 좋겠다는 기대를 억지로 끌어내렸다. 기대가 크면 실망도 큰 법이니까.

나의 실망감만 관리하며 살았던 것은 아니다. 남을 실망시키지 않기 위해서도 끊임없이 노력했다. 어릴 때는 "너한테 실망했어"라는 말을 가장 견디기 힘들어했

기분이 태도가 되지 않게

다. 이런 말을 나만 힘들어했던 것은 아닌 듯하다. 부모님을 실망시키지 않으려고 좋아하는 것들을 다 포기하고 산 친구도 있다. 우리는 왜 이렇게 실망감을 두려워하는 걸까.

실망은 힘이 크다. 물론 좋은 쪽이 아니라 나쁜 쪽으로. 사람은 실망감에 몹시 좌절한다. 우리를 진짜 괴롭히는 감정은 아마 막연한 슬픔이 아니라 확실한 실망감일 것이다. 슬픈 감정은 기분 전환으로 한결 나아지기도하지만, 큰 실망감은 다르다. 실망감은 우리를 공허하고아득한 상황에 몰아넣는다. 실망한 사람은 무력함을 느낀다.

관계에서 느끼는 실망감은 특히 그렇다. 연인, 가족, 친구, 직장 동료 등 자신을 둘러싼 모든 인간관계에 우리는 각각 다른 기대감을 가지고 있다. 누군가와의 교제에도 항상 '에너지 보존 법칙'이 따르기 마련이다. 다시 말해, 상대방을 위해 쏟은 노력만큼 그 사람에게서도 비슷한 수준의 보상을 기대하게 된다는 것이다. 서로 오가는 감정과 노력이 공평해야 한다고 생각하면, 감정의 무게가 서로 달라지는 순간 쉽게 실망하거나 상대방을 쉽게 실망시킬 수 있다. 이런 실망감은 슬픔이나 분노보다 훨씬 빠르게 악화되는 감정이어서, 관계를 지속할 수 없게 만드는 계기가 되기도 한다.

적당한 거리로 지내고 있던 친구와 단짝이 되고 싶은 마음이 앞서갔다고 치자. 그러면 상대방을 가장 친한 친구로 대하게 된다. 하지만 그 친구가 다른 마음이라는 걸 아는 순간, 혼자 헤아릴 수 없는 실망을 느끼고는 내 진심을 몰라준다는 서운함에 미쳐버릴 지경이 된다. 조급한 마음에 친구에게 억지스럽고 과잉된 친절을 베풀어보지만 오히려 더 큰 실망의 늪에 빠진다. 친구 또한 난처하고 혼란스러워 한다.

타인과의 관계에 있어서는 높은 기대감을 경계해야 한다. 항상 객관적이고 이성적으로 접근하는 연습을 해

기분이 태도가 되지 않게

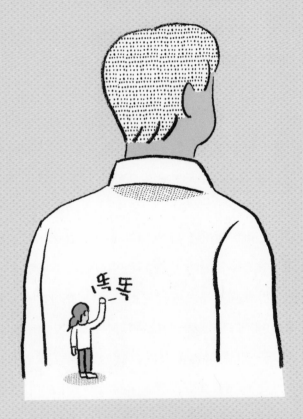

상대방이 나에게 냉담하면 굳이 애써
상대방의 환심을 살 필요가 없다.

야 한다. 상대방이 잘해주면 나 또한 상대방에게 진실한 선의로 보답해주면 된다. 반대로 상대방이 나에게 냉담하면 굳이 애써 상대방의 환심을 살 필요가 없다. 관계에서 계산기를 두드리라는 뜻이 아니다. 상대방을 제대로 대하는 방법을 배울 필요가 있다는 의미다.

사람에게 덜 기대할 것. 내가 준만큼 똑같이 받으려고 욕심내지 않을 것. 이 두 가지가 인간관계에서 실망하지 않는 가장 단순하고 확실한 방법이다.

인간관계를 벗어난 다른 영역에서의 실망감에 대해서도 이야기하고 싶다. 요즘 나는 실망을 두려워하는 마음을 조금씩 내려놓는 연습을 하고 있다. 기대감이 생기면 겁을 내기보다는 충분히 기대하려고 한다. 기대를 걸어 잠그는 버릇 덕분에 실망을 덜 했을지는 모르겠지만 그만큼 덜 행복했다는 것을 깨달았기 때문이다. 자연스러운 감정을 막는 것에 쓰는 에너지는 결코 적지 않았다. 실망하는 삶이 두렵지만 기대 없는 삶도 두렵다. 기

기분이 태도가 되지 않게

대가 보내는 행복 신호를 소중히 여기는 삶도 중요하다
는 것을 기억하자.

POINT
- - - - - -
내가 준만큼 똑같이 받으려는 마음은 욕심이다.

"괜찮아, 그건 아주 자연스러운 감정이야."

친구가 갑자기 자신에게 심리적인 문제가 있는 것 같
다고 고민을 털어놨다. 회사 동료 하나가 자신이 낙하산
으로 입사했다는 소문을 퍼트리고 다닌다는 사실을 알
게 되었다는 것이다. 그녀는 그 동료를 찾아내서 크
게 소리를 지르고 싶은 충동을 느낄 정도로 화가 났다고
했다. 그러면서 자신의 감정에 문제가 있는지 걱정스러
워했다. 가만히 듣고 있던 나는 친구에게 그건 아주 정
상적인 반응이라고 말해주었다.

누구나 부정적인 감정을 느끼는 것에 대해 걱정한다.

으레 즐겁고 기뻐야 정상적인 감정이라고 생각하고, 화가 나거나 우울해지면 감정적으로 문제가 있다고 인식한다. 하지만 다양한 감정이 올라오는 것은 자연스럽고 건강한 일이다. 그게 누군가에게 소리를 지르고 싶은 충동이라 할지라도 말이다. 오히려 유쾌하고 즐거운 감정 이외의 다른 감정이 생기는 것을 용납하지 못하는 심리 상태가 더 걱정할 만한 일이다.

화가 나는 것만으로도 죄책감을 느끼는데 하물며 질투심이나 열등감은 어떨까? 당연히 그런 감정을 느끼는 자기 자신을 혐오한다.

'친구를 질투하다니…… 난 왜 이렇게 못났지.'
'열등감 따위를 느끼다니 나는 왜 이 모양일까.'

이런 생각에 사로잡히면 자신을 미워하게 되는 것은 당연한 수순이다. 더 이상 자기 자신을 미워하지 않으려면 자신이 나쁘다고 판단하는 감정을 다르게 바라보는 시각이 필요하다.

먼저 감정에는 좋고 나쁨의 구분이 없다는 것을 말해
주고 싶다. 그 대신, 감정에서 야기되는 행동에는 좋고 나
쁨의 구분이 명백히 존재한다. 감정을 어떻게 이용하느
냐에 따라서 좋은 감정이 될 수도 있고, 나쁜 감정이 될
수도 있는 것이다.

예컨대 질투심은 대개 우리 내면의 경쟁심에서 비롯
된다. 실력이 남보다 못해서 경쟁에서 지면 질투를 느끼
고는 다른 사람의 성공을 후려치려고 한다. 운이 좋았
다거나 집안의 도움을 받았다는 식으로 그의 성공을 외
부 조건에 결부시킨다. 남의 성공을 깎아내리고 나면 잠
시나마 심리적 안정을 찾을 수 있다. 이런 질투심이 일
종의 부정적인 감정이다.

질투심을 다른 각도에서 살펴보자. 질투심은 자신
의 부족함을 깨닫는 계기가 될 수 있다. 남의 성공과 나

의 실패를 있는 그대로 받아들이고 자신의 발전에 원동력으로 삼는다면 그건 분명 긍정적인 감정일 것이다. 그래서 감정에는 좋고 나쁨의 구분이 없고 우리가 어떻게 보는지에 따라 달라진다.

그러므로 우리는 나쁜 감정을 걱정하며 굳이 많은 에너지를 소모하지 않아도 괜찮다. 나 자신에게 문제가 있다고 생각할 필요도 없다. 앞으로는 감정적인 문제를 걱정하지 말고 감정을 인정하고 흘려보내자. 회사 동료를 찾아가 소리를 지르고 싶다는 생각이 들면 그런 감정을 느낀다는 것에 죄책감을 갖기보다는 그때의 격정적인 감정을 완화시키는 데 집중하는 것이 낫다.

POINT
감정에는 좋고 나쁨이 없다. 감정에서 야기되는 행동에 좋고 나쁨이 있을 뿐이다.

3장

기분을 내 편으로
만들면 인생이 달라진다

내가 아니면 누가 나를 챙겨줄까

나에게 해당되는 내용이 있는지 체크해보자.

□ 퇴근 후 사람과 연락하는 횟수가 적다

□ 일상에서 즐거움을 느끼지 못한다

□ 집에 혼자 있는 시간이 많다

□ 몸이 아파도 귀찮아서 병원에 가지 않는다

□ 청소를 하지 않아서 방이 항상 지저분하다

□ 좋아하는 음식만 먹고 새로운 음식은 입에 대지
않는다

언뜻 보면 게으른 사람의 특징 같지만 이것은 자기 자신을 방치하고 무시하는 사람에게 나타나는 특징이다. 인생에 열정이 결여되고 무기력한 상태라고 볼 수 있다. 이런 상태가 오래 지속되면 감정이 무뎌져서 다른 사람과 깊은 관계를 맺기 어려워진다.

이런 감정적 억제를 극복하기 위해서는 자신에 대해 궁금해하고 호기심을 가져야 한다. 오랫동안 자신에게 관심을 가지지 않고 방치해두었다면 내 마음을 들여다보는 일이 쉽지 않을 테지만 용기를 내보자. 친해지고 싶은 친구에게 말을 걸려면 용기가 필요한 것과 마찬가지다.

어느 날 친구가 몹시 우울해하고 있는 걸 보았다고 치자. 힘들어하는 친구를 보면 혹시 무슨 일이 있는 건 아닌지 걱정이 된다. 공부 스트레스에 시달리고 있는지, 그냥 기분이 별로인 건지 친구의 이야기를 들어주고 싶은 마음이 생긴다. 친구의 어려움을 공감하고 해결할 수 있는 일이면 도와주고도 싶다. 당신은 틀림없이 그럴 것이다.

그런데 왜 자신에게는 그러지 못할까. 오늘 나에게 무슨 일이 있었는지, 그 일이 어떤 감정을 불러일으켰는지 왜 스스로에게 물어보지 못할까. 나를 소중히 여기기 위해서는 제일 먼저 나에게 질문을 건네보자. 오늘 무엇이 나를 즐겁게 했는지 혹은 실망스럽게 했는지 물어보자. 누군가와의 대화를 통해 문제의 실마리가 풀리듯이 나와 대화하면 나의 감정을 명확하게 인지할 수 있다. 그것이 바로 자신을 챙기는 첫걸음이다.

다음으로는 자신의 가치관을 되도록 자주 상기해야 한다. 가치관을 되새겨야 하는 이유는 그래야 다른 사람의 주장이 반드시 옳지만은 않다는 것을 깨달을 수 있기 때문이다. 스스로가 중요하게 생각하는 것들에 대해 되새김하다 보면 자신의 기호와 입장이 뚜렷해진다. 그렇게 되면 우리 내면의 평가 시스템을 단단히 만들 수 있으며, 자신이 옳다고 생각하는 방식을 선택하면서 인생을 꾸려나갈 수 있다.

친구의 고민을 상담해주다 보면 "부모님의 기대에 너무 부담을 갖지 말고 네가 하고 싶은 공부를 해"라거나 "남의 눈치 보지 말고 네가 입고 싶은 옷을 입어"라는 등의 조언을 해준다. 친구를 위해 하는 가치 판단에는 남의 시선이나 평가를 크게 고려하지 않는다. 하지만 이런 조언들을 자신에게 하기는 힘들다. 아무래도 남들이 나를 어떻게 생각할지를 걱정하지 않을 수 없다. 이제부터는 친구한테 해주는 조언을 나 자신에게 해보자. 그 조언이 나를 더 행복하게 만들어줄 것이다.

마지막으로 친한 친구에게 하는 것처럼 나 자신을 위로해주고 기분을 풀어주자. 당신은 친구가 억울한 일을 당했다면 친구를 괴롭힌 사람을 찾아가 혼쭐을 내주거나 괴팍한 상사를 마구 욕하며 친구 곁을 지켜줄 것이다. 그런데 다른 사람은 잘 위로하면서 정작 자기 자

기분이 태도가 되지 않게

신을 위로할 줄은 모른다. 마음이 힘이 들면 맛있는 음식을 먹거나 운동으로 땀을 빼면서 자신을 위로해보자. 나를 위로할 수 있는 방법은 결국 내가 가장 잘 찾아낼 수 있다.

자신의 좋은 친구가 되는 방법을 배우자. 나의 기분은 내가 잘 알아주어야 한다. 내가 아니면 누가 나를 챙기겠는가. 삶이 마음대로 되지 않고 엉망진창인 것 같을 때 나를 챙겨줄 가장 따뜻한 친구는 나임을 기억하자.

POINT

힘이 들 때는 나를 위로해주고 내 기분을 풀어주자. 마치 내 가장 친한 친구에게 해주듯이.

자세를 바꾸는 것만으로 기분이 바뀐다

나는 마음이 아프다고 말하는 사람의 자세를 유심히 들여다보곤 한다. 몸과 마음은 우리가 생각하는 것보다 더 긴밀하게 연결되어 있기 때문이다. 다양한 감정들이 몸에 영향을 주듯이 거꾸로 몸의 자세를 바꾸는 것도 감정에 영향을 끼친다. 자신감 넘치는 자세를 취하면 실제로 더 자신감을 느끼게 되고, 웅크리고 다니던 몸을 곧게 펴는 것만으로 마음속 응어리가 작아진다.

J는 자기도 모르게 어깨를 구부리고 다니는 습관이 있었다. 그의 사연을 들어보니 사업에 연이어 실패하

기분이 태도가 되지 않게

자신감 넘치는 자세를 취하면
실제로 더 자신감을 느끼게 되고,
웅크리고 다니던 몸을 곧게 펴는 것만으로
마음속 응어리가 작아진다.

면서 자신감이 바닥을 친 상태였다. 남의 눈에 띄지 않고 싶다는 바람이 몸을 최대한 작게 만드는 자세를 만든 것이다. 나는 J에게 제일 먼저 몸의 긴장을 풀고 어깨를 펴는 습관을 들여야 한다고 조언했다. J는 처음에 이 조언을 진지하게 듣지 않았지만, 나중에는 점점 자세 변화의 효과를 느낀다고 말했다. 몸과 마음이 서로 영향을 주어 선순환으로 접어든 것이다. 몸은 마음을 바꾸고 마음은 행동을 바꾼다. 내 몸에 관심을 기울이는 일은 이토록 중요하다.

몸과 마음은 조화를 이루려는 경향이 있다. 마음에 상처를 받으면 우리 몸도 그에 따른 변화가 생겨 철저한 방어 자세로 돌입한다. 열등감에 빠져 있으면 자연스럽게 움츠러들어 고개를 푹 숙이고 손가락을 꼰다.

자신감이 떨어져 고개를 숙이고 있는 자신을 발견했다면 억지로라도 고개를 들고 정면을 응시하자. 또 무기력함에 손가락만 만지작거리고 있다면 당장 두 손을 내리고 심호흡으로 냉정을 되찾자.

　남한테 털어놓지 못하는 감정으로 끙끙 앓는 사람들에게 추천하는 방법이 하나 있다. 그것은 바로 몸을 통해 외부의 지지를 느끼라는 것이다. 말이 조금 어렵지만 자세는 아주 간단하다. 의자에 차분히 앉아서 등을 기대고 두 발을 바닥에 단단하게 디딘 다음 깊게 숨쉬고 내뱉어보자. 몸의 긴장을 다 풀고 두 발을 통해 자신을 받치고 있는 땅의 기운을 느껴보자. 그렇게 하면 누군가 든든한 등을 나에게 내어준 것 같은 느낌이 든다. 나는 이 간단한 방법으로 세상의 응원을 얻은 듯이 기운을 되찾곤 했다.

　어릴 때 나는 너무 쉽게 흔들리고 휘둘렸다. 그래서인지 내 마음은 영 믿음직스럽지 않았다. 그때마다 나는 몸을 더 믿었고 그 믿음은 나를 배신한 적이 없다. 당신도 불안하거나 우울할 때마다 응급 처방이 될 수 있는 자기만의 특별한 자세를 만들어보면 어떨까. 별것 아

닌 듯한 사소한 자세 변화가 당신의 시끄러운 마음을 차
분하게 해주는 진정제가 되어줄 것이다.

감정이 몸에 영향을 주듯이 몸의 자세를 바꾸는 것도 감정
에 영향을 끼친다.

기분이 태도가 되지 않게

나쁜 생각이 내 마음을 지옥으로 만든다

"내가 누군가에게 미움 받는다는 사실이 견딜 수 없이 고통스러워요."

아주 흔하게 듣는 고민이다. 나는 이런 고민을 토로하는 이들에게 "생각을 바꿔보는 건 어때요?"라고 말하며 상담을 시작한다. 듣기에 따라서 몹시 뻔한 조언일 수 있지만 스스로를 괴롭히는 생각이 다소 비이성적일 때는 그 생각을 바꿔주는 방법이 가장 효과적이다. 물론 생각을 바꾸는 것이 쉽지 않기 때문에 누구에게나 효과가 있는 것은 아니지만.

생각을 바꾸라는 조언은 현대 심리치료의 중요한 기법 중 하나인 합리적 정서행동치료의 창시자 앨버트 엘리스의 이론을 토대로 하고 있다. 엘리스는 사람들이 고통에 빠지는 이유가 '비합리적 신념' 때문이라고 말한다. 비합리적 신념이란 인간 내면에 있는 비현실적이고 비논리적이며 전혀 성립될 수 없는 신념으로, 대개 지나치게 일반적이며 극단적이다.

'나는 모든 사람에게 사랑받고 인정받아야 해.'
'나는 이 일을 완벽하게 해내야 해.'
'사람은 과거의 영향력에서 벗어날 수 없어.'

비합리적 신념은 자기 자신과 남에게 완벽함을 요구한다. 이 잣대는 너무 엄격해서 스스로를 불행의 구렁텅이로 몰아넣는다. 사람을 우울하고 좌절하게 만들기도 한다. 비합리적 신념을 갖고 있으면 다음과 같은 특성이 나타난다.

기분이 태도가 되지 않게

첫째, "반드시 ~해야만 한다"라는 말을 즐겨 쓴다. 이를 '당위적 사고'라고 부르는데 예를 들면 다음과 같다.

"항상 내가 모든 일을 주관해야 해."

"원칙은 반드시 지켜져야 해."

이런 절대적 요구는 자기 자신뿐 아니라 상대방에게도 적지 않은 스트레스를 준다.

둘째, 지나치게 과장한다. 한두 번 우연히 마주친 것을 '항상 마주친다'는 식으로 일반화하여 해석한다. 시험을 한번 망쳤다고 스스로를 무능한 사람으로 여긴다. 애인과 말다툼을 한 후 상대방이 자신을 이해해준 적이 단 한 번도 없다고 생각한다. 누구라도 얼마든지 실수를 저지를 가능성이 있다는 사실을 전혀 고려하지 않는다.

셋째, 어떤 일이든지 최악의 결과를 상정한다.

'대학에 떨어지다니, 이제 다 끝났어', '이번 일을 제대로 못했으니 모두가 나를 비웃을 거야' 라고 부정적인 면을 기초로 전체를 부정적인 것으로 생각해버린다.

넷째, 힘든 상황을 잘 견디지 못한다. 원하거나 요구하는 것이 주어지지 않으면 그 상황을 견디지 못하고 좌절한다.

이 같은 특성을 두루 갖고 있으면 일상생활이 불가능할 정도로 지치고 힘들어진다. 만약 당신에게 이러한 특성이 있다면 자신이 어떤 비합리적 명제를 믿고 살아가고 있는지 한번쯤 되돌아보자. 그리고 그 비합리적 신념을 수정하자. 자기 안의 잘못된 신념을 정면으로 마주하는 연습을 하다 보면 어느새 비합리적 신념도 자연스럽게 그 힘을 잃어갈 것이다.

모두에게 인정받고 사랑받아야 한다는 믿음을 가지고 힘들어하는 이들에게 내가 해줄 수 있는 말은 딱 하나였다.

"우리가 모두에게 사랑받아야 하는 것은 아니에요.
모두가 당신을 좋아할 수 없다는 것을 인정하세요."

POINT

내 안의 비합리적 신념을 돌아볼 것!

소중한 친구에게 하는 말을
나 자신에게도

"인생은 짧고 또 길어서 마지막까지 함께할 수 있는 것은 오직 자신뿐이다."

가끔씩 내가 싫어지려고 할 때마다 보는 글이다. 우리는 부모님과 배우자, 친구와 어떻게 하면 더 좋은 관계를 만들 수 있을지 끊임없이 고민한다. 심지어 그들과 더 잘 지내기 위해 습관적으로 나의 진짜 감정과 느낌을 자제하기도 하고, 나의 부정적인 감정이 그들에게 부담을 주는 것을 걱정하기도 한다. 헌데 정작 자신과의 관계는 그만큼 중요하게 여기지 않는다.

과거에 저지른 잘못을 잊지 못한다

우리는 종종 과거를 회상하며 자신이 저지른 잘못에 대해 강한 후회와 부끄러움을 느낀다. 어느 정도의 죄책감은 긍정적인 역할을 한다. 우리가 정확한 판단을 내릴 수 있도록 해서 더 좋은 사람이 될 수 있도록 돕는다. 하지만 과도한 죄책감은 내면을 망가트리고 오랜 시간 불안과 고통을 느끼게 만든다. 자신을 용서하는 일이 너무 힘들어서 오히려 다른 사람을 용서하는 것이 훨씬 쉽게 느껴질 정도다.

단점을 당당하게 받아들이지 못한다

완벽주의자들은 자신과의 관계를 잘 다루지 못한다. 누구에게나 장점과 단점이 있다는 사실을 알고 있으면서도 자신의 단점을 태연하게 받아들이기를 몹시 어려워한다. 그들에게는 단점이 실패를 의미하고 좌절감을 안겨주기 때문이다. 그런 사람들에게 단점은 어느새 '지뢰밭'으로 변해서 자신을 포함한 그 어느 누구도 절대 밟아서는 안 된다. 밟는 즉시 펑 하고 터져버릴 것이다.

예를 들어, 당신이 어려움에 처할 때마다 도피를 선택한다고 하자. 당신은 도피가 나쁜 습관인 것을 분명히 알고 있고, 그런 자신을 미워하면서도 계속 같은 방법을 선택한다. 이때 누군가가 당신에게 "도망치지 마. 어려움에 용감하게 맞서"라고 말해준다면 그 사람은 당신의 지뢰밭을 건드린 거나 다름없다. 당신은 몹시 당황하다가 나중에는 화가 나고 부끄러워서 숨고 싶어질 것이다. 자신의 단점을 받아들이는 방법을 배우지 못하면 스스로 웅크리게 되고 점점 더 속 좁은 사람이 되고 만다.

자신의 욕구를 숨기며 자기 존재감을 낮춘다

우리는 다른 사람을 귀찮게 하고 싶지 않아서, 혹은 다른 사람의 소중한 시간을 뺏기 싫어서 '나는 이게 필요해' 또는 '나를 도와줘' 등의 말을 하는 것을 힘들어한다. 남을 배려하기 위한 의도였다고 하더라도 매번 자신의 욕구를 숨기다 버릇하면 그 누구도 당신이 무엇을 원하는지, 무엇에 관심이 있는지 기억하지 못할 것이다. 결국 당신을 무시하는 것에 익숙해질지도 모른다.

여러 사람들과 다 같이 식사를 할 때, 매번 '아무거나 좋아'라고 말하면 나중에는 당신의 의견은 물어보지도 않을 것이다. 또 당신을 걱정하는 사람들에게 '난 괜찮아. 걱정하지 마'라는 말을 반복하면 상대방은 당신이 정말로 괜찮고 힘든 일이 없을 것이라고 생각한다. 실제로 사람과 사람이 관계를 맺고 지내는 방식은 하나하나의 사소한 일들이 차곡차곡 쌓여서 형성된 것이다. 표현하지 않는 버릇은 상대방의 관심과 보호를 받을 기회를 거절하는 것과 마찬가지다.

스스로를 하찮게 여기고 책망하는 사람은 삶의 아름다움을 알아채지 못한다. 남에게 늘 상냥하지만 정작 삶의 활력이 없는 사람에게 내면의 즐거움이 있을 리 없다. 자기 자신과 잘 지내는 사람이 행복한 일상을 사는 법이다. 자신을 좀 더 너그럽게 대한다면 진정한 즐거움을 더 많이 느낄 수 있을 것이다. 나의 불완전한 모습까지 받아들이자. 나의 필요를 남에게 적극적으로 어필하자. 나를 힘들게 하는 습관을 조금씩 줄여나가자.

POINT

자기 자신과 잘 지내는 사람이 행복한 일상을 산다.

기분이 태도가 되지 않게

강의실을 눈물바다로 만든 수업

대만의 미학자 장쉰은 동료에게 대리 수업을 부탁받아 강의실에 들어갔다. 그는 학생들에게 조금 독특한 자기소개를 제안했다. 거울을 보며 자화상을 그린 다음 그림을 설명하며 소개를 하는 방식이었다. 미술 전공이 아닌 학생들은 그림에 영 솜씨가 없었지만 최선을 다해서 그림을 그리고 자신을 진지하게 소개했다. 그리고 이 수업은 누구도 예상하지 못한 결과를 가져왔다.

자기소개가 끝난 강의실에서는 오랫동안 아무 소리도 들리지 않았다. 학생들은 조용히 자리에서 눈물을 흘리고 있었다. 나중에 한 학생이 장쉰을 찾아가 말했다.

"거울에 비친 나를 한참 동안 바라보고 나 자신에 대
해 알아간 경험은 처음이었어요."

이 학생의 한 마디가 바로 장쉰이 의도한 자화상 수업
의 목표였다. 학생들은 거울에 비친 자신의 모습을 그리
면서 깊숙이 숨어 있던 진짜 자신을 보았다. 지극히 평
범한 얼굴도, 생기 없는 눈빛도, 어두운 표정도 자신의
모습이었다. 아무런 보정도 필터도 거치치 않은 정말 날
것의 모습이었다. 화장을 하려고 거울을 보는 것도 아니
었다. 모공이나 여드름의 크기를 살피는 것도 아니었다.
단순히 지금의 내 모습을 보는 것이었다. 그것만으로도
많은 학생들은 표현할 수 없는 여러 감정을 느낀 것이다.

상유심생相由心生. 외모는 마음에서 생겨난다는 뜻이
다. 사람은 각자의 얼굴에 세월의 흔적을 새기며 산다.
우리가 지나온 세월, 생각과 가치관, 심리 상태의 모든

기분이 태도가 되지 않게

변화 하나하나가 얼굴에 흔적을 남긴다. 여기에는 어느 정도 과학적 근거가 있다. 심리 변화는 신경전달 물질의 농도 차이를 발생시키고 근육을 만들어 표정에 변화를 만든다. 오랫동안 일정한 정서를 유지한 사람은 표정에 크게 변화가 없지만 항상 초조하고 우울한 사람에게는 '불안한 얼굴'이 생긴다. 다른 사람에게 넉넉하지 못하고 인색하게 구는 사람은 쪼잔함이 얼굴에 비친다.

우리는 부끄럽지 않은 사람이 되고 싶어 한다. 아이처럼 선한 마음과 순수한 모습을 유지하기를 바란다. 그렇게 마음속에 내가 되고 싶은 이상적인 모습을 정해두지만 살다 보면 모두가 조금씩 변하게 된다. 그 변화는 대부분은 원하지 않는 모습이다. 장쉰이 거울을 보고 자화상을 그려보라고 했을 때에서야 학생들은 지금의 자신이 더 이상 예전의 모습이 아니라는 것을 알게 되었다. 자기도 모르는 사이에 현실로 인해 닳고 닳아서 거울 속 모습에서 더 이상 과거의 자연스러운 모습을 찾지 못했다. 메이크업 기술은 갈수록 늘었지만 정신은 점점 희미

해져서 또렷하고 맑은 눈동자를 찾아볼 수 없었다.

변한 자신의 모습을 전혀 눈치 채지 못하고 살아가다
가 어느 날 거울에 비친 얼굴에서 예전과 전혀 달라진
자신을 깨닫고는 상담을 요청한 사람도 있었다. 우울한
감정에만 잠겨서 자신의 얼굴이 어떻게 달라지고 있는
지 살필 여유가 없었던 것이다. 남을 질투하고 심술을
부리느라 얼마나 욕심 많은 얼굴이 되었는지, 부정적인
생각만 하다가 낯빛이 얼마나 어두워졌는지 우리는 잘
모른다. 오랫동안 자신을 방치해둔 사람이 더 이상 이렇
게 살고 싶지 않다는 선언을 하려면, 결국 자기 자신에
대해 깨닫는 것이 우선이다.

가장 먼저 거울을 보고 얼굴을 자세히 들여다보자. 자
화상을 그리며 자신의 심리 상태를 진단해보는 것도 좋
다. 그렇게 지금의 자신을 다시 알아가고 친해져야 한다.
나의 표정이 초조한지 안정적인지, 무뚝뚝한지 생기 있
는지 살펴보자. 나의 웃음이 자연스럽게 터져 나오는 웃

음인지, 남의 비위를 맞추다가 억지스러운 웃음이 너무 익숙해진 것은 아닌지도 생각해보자. 그러고는 내가 원하는 모습이 무엇인지를 떠올려보자. 나의 이상적 모습을 닮아가려는 노력들은 결국 나를 그곳에 닿을 수 있도록 만들어줄 것이다. 앞으로 거울을 볼 때마다 기대한 모습이 아니어서 실망하기보다는 자신감 있는 표정으로 자신을 마주할 수 있기를 바란다.

POINT

더 이상 이렇게 살고 싶지 않다는 선언은 자기 자신에 대해 깨닫는 것에서 시작된다.

'재수 없는 날'에 대처하는 법

'오늘따라 일이 잘 안 풀리네…….'

그런 날이 있다. 아침에 버스를 놓치는 흔한 일에서 시작된 오늘의 불운이 하루 종일 나를 쫓아다니는 것만 같은 날. 오후에는 상사한테 괜한 짜증을 듣고, 중요한 메일에 치명적인 오타를 내는 것으로 불운은 정점을 찍는다. 이런 날은 우연히 좋은 일이 생기더라도 주목하게 되지 않는다. 이미 '재수 없는 날'이라는 확신을 가졌기 때문에 누군가의 선의도 쉽게 믿지 못한다.

기분이 태도가 되지 않게

이런 경우도 있다. 어떤 사람이 눈에 거슬리면 그 사람이 뭘 해도 마음에 들지 않는다. 나에게 살갑게 다가오면 가식을 부린다고 생각하고, 반대로 무뚝뚝하게 굴면 괜히 도도한 척하는 것 같다. 이미 그 사람에 대해 일방적인 이미지를 만들고 웬만해서는 그 편견을 깨려는 노력도 하지 않는다.

위의 상황을 나타내는 심리학적 근거가 바로 '확증 편향'이다. 자신의 신념과 결정에 부합하는 정보에만 지나치게 주목하는 것을 말한다. 우리가 어떤 주관적인 관점을 갖게 되면 이 관점은 머릿속에서 쉽게 떠나지 않고 계속 남아 있게 된다. 그러다 보면 우리는 자연스럽게 그 관점을 뒷받침할 수 있는 정보를 찾는 경향이 강해진다. 반대로 자신의 관점과 반대되는 정보는 무시해버린다. 판단이 하나씩 입증될 때마다 '거봐, 내 생각이 맞잖아'라고 생각하며 편견을 강화한다.

예를 들어, 내가 짝사랑하던 상대가 나를 좋아한다는

생각이 드는 것은 지극히 주관적인 확신이다. 이 확신을 입증하기 위해 나는 관점을 뒷받침할 수 있는 정보를 모으기 시작한다. 상대가 나와 같은 강의를 듣고, 같은 마트를 다닌다는 정보를 근거로 삼아 이렇게 생각한다. '이렇게 우연이 반복된다는 게 말이 돼? 그 사람이 나를 보려고 일부러 그러는 게 틀림없어!' 하지만 사실은 다르다. 그 강의를 선택한 학생은 한둘이 아니고, 상대도 같은 수업을 듣는 사람 중 하나일 뿐이다. 마트에서 마주치는 것은 단순히 두 사람의 생활 반경이 겹치기 때문이다. 하지만 나는 이 정보가 정말 우연의 일치일 수도 있다는 생각은 하지 못한다.

사람은 각자의 관점을 갖기에 확증 편향에 빠지기 쉽다. 흔히들 자신의 확증이 터무니없이 꾸며낸 것이 아니고 나름대로 근거가 있다고 생각하겠지만, 근거란 극히 일부일 뿐이다. 다시 말해 우리가 보는 것은 지극히 한 부분에 불과하다는 말이다. 전체의 단면만을 본 뒤 잘못된 결론을 도출하고, 거기에 몰입하면 주변의 반대 의견

기분이 태도가 되지 않게

을 무시한 채 고집에 빠진다. 어떻게 하면 확증 편향에 빠지지 않을 수 있을까? 딱 하나, 그것이 거짓임을 증명하면 된다.

거짓을 증명하는 가장 전형적인 방법은 시행착오다. 한 가지 가설을 세운 후 그에 부합하지 않는 예를 계속해서 찾아내 가설을 수정하는 방법인데, 결국 최초에 세운 가설이 완전히 뒤집혀버린다. 앞에서 얘기한 '재수 없는 날'을 예로 들자면, 그러한 날이 존재한다고 생각하는 것이 스스로 세운 가설이다. 그다음 해야 할 일은 늘 하던 대로 재수 없는 에피소드를 찾아내 그날이 확실히 '재수 없는 날'이라는 것을 확신하는 것이 아니다. 적극적으로 행운의 요소를 찾아내 잘못된 가설을 뒤집어야 한다. 지각은 했지만 밤새워 작성한 보고서가 좋은 피드백을 받았다거나 갑자기 회사 컴퓨터가 다운됐는데 노트북을 가져온 덕에 무사히 일할 수 있었다는 등의 좋은 정보들을 모으려고 노력해야 한다.

운이 안 좋은 날이라는 꼬리표를 붙이고 일상을 보내면 하루 종일 기분이 안 좋은 것은 당연하다. 확증 편향의 그림자를 줄이는 노력을 해야 상황을 정확히 읽는 분별력이 생기고 사람을 제대로 보는 안목을 가지게 될 것이다.

POINT

섣부르게 평가하고 재단하면 내 기분만 망가진다.

기분이 태도가 되지 않게

스트레스는 나를 망치지 못한다

"아이고, 그동안 스트레스를 많이 받으셨나봐요."

의사들의 흔한 레퍼토리다. 어디가 아파서 병원에 가면 의사들은 매번 스트레스에 대해 언급하기를 빼먹지 않는다. 배가 아파도 그렇고, 허리가 아파도 그렇고, 마음이 아플 때도 그렇다. 만병의 근원이라는 말이 틀리지 않은 듯하다. 스트레스를 어떻게 다루느냐에 따라 몸과 마음의 건강을 지킬 수 있는 것이다.

지금처럼 빠르게 돌아가는 현대 사회에서 어느 정도

의 스트레스는 당연하게 받아들여진다. 그러나 너무 과도한 스트레스는 우울과 불안을 만들어내고 심하면 이상행동으로까지 이어진다. 과도한 스트레스에 시달리면 갑자기 화를 내거나 눈물을 흘리거나 크게 웃는 사람도 있다. 평소 분주히 움직이던 사람이 게을러지고, 차분하던 사람이 자주 흥분을 한다. 세상에 호기심이 많고 남을 잘 배려하던 성격은 어디론가 사라지고 없다.

무딘 성격의 사람들은 누적된 스트레스가 마음이 감당할 수 있는 용량을 훌쩍 넘겨버렸다는 것을 눈치 채지 못한다. 몸의 한군데가 아프고 나서야 자신이 지치고 힘들었다는 것을 깨닫는 경우가 많다. 조금 늦긴 했지만 괜찮다. 몸의 경고 신호를 심각하게 받아들이게 됐다면, 그것이 자신을 돌보는 일의 시작이기 때문이다.

스트레스가 자신을 망가뜨리는 것을 자각했다면, 스트레스와의 싸움을 시작해야 한다. 물론 스트레스를 안 받아야 한다는 압박감으로 스트레스를 받으면 안 되겠지만!

　스트레스를 안겨주었던 사건을 세분화하여 기록해보
자. 최근에 있었던 일을 모두 떠올려보고 부정적인 감정
을 갖게 했던 일들만 따로 뽑아내서 차례차례 기록하자.
목록을 만들 때는 그 일들이 내게 주었던 느낌이 불안감
인지, 열등감인지, 질투심인지 구체적으로 적어야 한다.
뭉뚱그려 '기분 나빴다' 혹은 '스트레스 받았다'라고 적
기보다는 최대한 분명한 감정을 찾아내자. 하나하나 세
분화한 감정들을 눈으로 읽으면 스트레스 해소 방법을
보다 구체적으로 찾을 수 있다.

　스트레스를 받은 날, 나는 집에 도착하자마자 운동복
으로 갈아입고 가까운 공터로 나가서 달린다. 그냥 퍼
질러 누워 쉬고 싶다는 유혹이 이기는 날도 있지만, 스
트레스 강도가 유독 높은 날에는 강력한 해소제가 필요
하다. 조금씩 발걸음에 속도가 붙기 시작하면 처음에
는 굼뜨던 움직임도 한결 가벼워진다. 등에 땀이 차오를

때부터 머릿속을 점령하던 복잡한 생각들이 사라지는 걸 느낀다. 아무 생각이 없어지고 오로지 어제의 기록보다 더 달리고 싶다는 목표만이 남는다.

누구에게나 자기만의 스트레스 해소 방법이 있어야 한다. 어떤 상황에서 어느 정도의 스트레스를 받느냐가 사람에 따라 다르듯이, 스트레스가 풀리는 방식은 모두 다르다. 달리기 효과가 너무 좋아서 틈만 나면 주변 친구들에게 추천했지만, 모두에게 들어맞는 처방은 아니었다.

도저히 무얼 해야 스트레스가 풀릴지 모르겠다면, 관심사를 넓혀보는 것은 어떨까. 예전의 호기심 많았던 모습으로 돌아가자. 흥미의 폭이 넓을수록 적응력이 강해져 심리적 압박을 덜 받을 수 있다.

평소에 전혀 해보지 않았던 일들을 해보자. 식물을 집에 들여와 잎의 변화를 관찰하자. 그림을 그리고, 요리

기분이 태도가 되지 않게

를 해보고, 좋아하는 영화배우의 필모그래피를 깊숙하게 파보자. 누가 알겠는가. 일밖에 모르던 사람이 새로운 취미의 세계로 빠져들게 될지!

POINT
누구에게나 자기만의 스트레스 해소 방법이 있어야 한다.

4장_

우리가 감정에 대해
오해하는 것들

우울증 환자에게 "운동하라"는 조언이
무례한 이유

"저 아무래도 우울증인 거 같아요. 어떻게 하죠?"

사람들은 우울증에 대해 많이 오해한다. 우울감은 하루에도 몇 번씩 찾아올 수 있는 흔한 감정인데, 그런 날이 조금만 잦아져도 자신이 우울증에 걸렸다고 생각한다. 스스로 우울증이라는 진단을 쉽게 내리는 것이다.

요즘에는 정신 건강에 대한 정보를 손쉽게 얻는다. 정신 건강에 관심을 가지고 자신의 마음을 들여다보는 일은 당연히 권장할 만한 일이지만 인터넷에 돌아다니

는 정보만으로 자신의 병을 스스로 진단하는 일은 조심
해야 한다.

우울에는 여러 종류가 있는데, 우리는 그 종류를 무
시하고 통틀어 우울증이라고 부르는 것에 익숙하다. 그
래서 '아, 이 정도로 우울하면 우울증이겠구나' 하고 혼
자 진단을 내린다. 모두가 우울한 감정에 대해서라면 조
금씩은 다 할 말이 있는 것이다. 그래서인지 우울증인
친구에게 너무 가볍게 조언하는 실수를 하기도 한다.

"나가서 햇빛이라도 쬐어봐."
"규칙적으로 운동하면 우울증에 좋대."

틀린 조언은 아니다. 그러나 의지로 이겨내야 한다
고 쉽게들 말하지만 의지가 도무지 생기지 않는 것이 우
울증이다. 우울증 환자들은 침대에서 몸을 일으키는 것
조차도 전쟁을 치르듯 힘들어한다. 우울증의 고통은 겪
어본 사람만이 안다.

기분이 태도가 되지 않게

강한 의지로 우울증을 극복해야 한다는
주변 사람들의 무례한 조언은 무시해라!

경증의 우울감과 우울증 증상은 완전히 다르다. 우울감의 경우에는 대부분 기분이 우울해진 명확한 이유가 있다. 우울한 기분이 어디서 왔는지 오늘의 하루를 거슬러 올라가면, 회사에서 자존심이 상하는 일이 있었다든가 가족에게 안 좋은 소식을 들었다든가 이유를 찾을 수 있다. 그러나 우울증에는 이유가 없는 경우가 많다.

또한 우울감을 느끼는 날에는 기분 전환이 가능하다. 보통은 하루가 너무 피곤하거나 짜증나는 일이 많아서 우울해진다 하더라도 또 다른 감정들로 그 위기를 넘긴다. 배달 음식을 시키면서 설레기도 하고, 예능 프로그램을 보면서 웃기도 한다. 일시적으로 나타나는 경증의 우울감이기 때문에 가능한 일이다.

우울증 환자의 세계는 완전히 다르다. 기분이 몹시 가라앉아 아무런 의욕도 생기지 않는다. 맛있는 음식을 먹고 싶지도 않고, 좋아하는 사람을 만나기도 싫다. 누구

기분이 태도가 되지 않게

도 자신을 도와줄 수 없다고 생각하고 아무런 희망을 못 느낀다.

또다른 차이점은 우울감을 느낄 때 그 증상 때문에 학업, 직장, 가정생활에 문제가 생기지는 않지만 우울증은 이로 인해 일상생활에 문제가 생긴다는 점이다. 잠이 안 오거나 혹은 잠을 너무 많이 잔다. 자신이 쓸모없는 인간이라고 강하게 생각하며 자살 충동까지 느낀다.

우울증은 증상이 최소 2주 이상 지속되어야만 진단 기준에 충족한다. 전문가와 대면 상담을 통해 전문적인 테스트를 거쳐 생활 상태의 분석을 거쳐야 비로소 정확한 진단이 가능하다. 인터넷에서 찾은 자가 진단 리스트는 정확한 진단이 불가능하고 오히려 문제가 발생할 수도 있으니 참고로만 활용하는 것이 좋다. 다행인 것은, 우울증은 약으로 좋아질 수 있다는 점이다. 심리 상담도 도움이 된다. 우울증이 의심된다면, 나에게 필요한 약을 처방해주는 전문의를 찾아가야 한다. 당신의 의지로 극복할 수 있다는 주변 사람들의 무례한 조언은 무시해라!

POINT

경증의 우울감과 우울증을 구분하고 그에 따른 처방을 내려야 한다.

　　　　　　　　　　　　　　기분이 태도가 되지 않게

할리우드 배우는
왜 죄책감에 시달렸을까

"하버드대학교에 입학하던 날에 느꼈어요. 이건 실수
라고. 나는 이 사람들과 함께 있을 정도로 똑똑하지 못
했거든요. 그 뒤로 저는 '난 멍청한 여배우가 아니야!'라
는 걸 증명하는 데 너무 많은 애를 썼어요. 신경생물학
이나 고급 히브리어문학처럼 어려운 수업만 일부러 골
라 들었죠. '사실 나는 유명해서 이 학교에 들어올 수 있었
던 것 아닐까?'라고 생각했고 남들도 나를 그렇게 봤어요."

할리우드 배우 나탈리 포트먼이 하버드대학교 졸업
연설에서 한 말이다. 하버드대학교에 다니는 유명한 배

우가 털어놓은 속내에 모두가 놀랐다. 하지만 많은 사람들이 나탈리 포트만의 연설에 크게 공감했고 자신도 같은 고민을 겪는다고 말했다. 출중한 능력에 큰 성과를 얻었음에도 자신은 그렇게 대단하지 않으며 그저 운이 좋아서 이 자리까지 올라왔다고 믿는 것이다. 대단히 성공한 사람만 느끼는 것이 아니다. 보통 사람들도 회사에서 유능하다는 평가나 인정에 '타이밍이 좋았을 뿐이야'라고 생각하며 자신의 무능력을 들키게 될까 봐 두려워하고 불안해한다.

1970년대 초, 임상심리학자 폴린과 수잔은 오래전부터 이 심리에 관심을 가졌다. 그들은 다른 사람 눈에 굉장히 우수한 150여 명의 여성을 인터뷰했다. 그 여성들은 다른 사람들 눈에 비친 자신의 성공을 결코 인정하지 않았다. 인터뷰 대상에는 성적이 우수한 대학생과 높은 학식을 지닌 박사, 명성이 자자한 교수도 포함되어 있었는데, 그들은 입학사정관이 보는 눈이 없어서 대학에 합격했다고 생각했고, 운이 좋아서 시험을 잘 본 것뿐이라고 말했

기분이 태도가 되지 않게

다. 교수의 편애 덕분에 학위를 받았다는 사람도 있었다.

폴린과 수잔은 위의 연구를 통해 '가면 증후군'이라는 심리적 현상을 발견했다. 가면 증후군이란 외부적으로는 이미 성공을 이뤘지만 스스로 자신의 업적을 끊임없이 의심하는 증상을 뜻한다. 남들이 모두 인정하는 성취를 자신의 능력보다는 운이나 인맥 같은 다른 요인 덕분이라고 생각하는 것이다.

가면 증후군이 있는 사람이 새로운 일을 맡게 되면 심각한 걱정과 불안, 자기 의심으로 가득 차서 지나치게 긴장하고 과도하게 준비한다. 그들은 자신의 능력으로 성공을 이끌어냈다고 믿지 않기 때문에 성취의 기쁨을 누리지 못한다. 다시 말하면 그들에게 성공은 자신감을 키워주는 요소가 아니라 오히려 다른 사람을 속이고 있다는 죄책감과 불안감을 강화시키는 요소다.

게다가 가면 증후군이 있는 사람은 일할 때 훨씬 보수

적인 자세를 취하고, 자신의 진짜 생각을 표현하는 것을 두려워한다. 계속되는 자기 의심이 새로운 문제를 해결하거나 낯선 영역을 탐구하는 도전을 가로막기 때문이다. 높은 성과에도 불구하고 업무 만족도가 비교적 낮으며 쉽게 우울해한다. 그들은 왜 자신들의 성취를 있는 그대로 받아들이지 못하는 것일까?

일단은 끊임없이 남과 비교당했던 성장 과정 탓이 크다. '성과'를 중시하고 개인의 '노력'을 평가절하하여 긍정적인 피드백이 이뤄지지 못하게 하는 주변 환경이 자신의 노력을 인정하지 못하도록 부추긴다. 특히 성공한 여자들이 가면 증후군의 수렁에 빠지기 쉬운데, 여성들이 인정받기 위해서는 남성보다 더 높은 성과를 보여야 하지만, 그 성취를 자랑하는 것은 미덕이 아니라는 사회적 분위기를 강요받았기 때문이다. 여성이 자신의 성취를 스스로 깎아내리는 심리는 자신을 보호하기 위한 도구이기도 하다. 가면 증후군의 간섭에서 자유로울 수 있는 방법을 알아보자.

기분이 태도가 되지 않게

자신의 성취를 적어본다

자신이 이룬 성과와 그 성과를 이끌어냈던 요인을 정확하게 적어보자. 내가 사기꾼이라는 생각이 들 때, 그 기록을 읽으며 이 자리에 있을 자격이 충분하다고 스스로 상기하자. 자기 분석을 해보면 이런 성과를 얻을 자격이 없다고 생각하거나 거짓말쟁이라고 생각하는 것이 얼마나 우스운 일인지 깨닫게 될 것이다.

가면을 벗고 자신의 나약함을 공유하라

믿고 의지하는 친구에게 마음속 가득한 두려움과 초조함을 털어놓으면 스트레스 해소에 효과적이다. 또 모든 성과가 운 덕분이라는 비이성적인 자기 인지를 누그러뜨려 생각을 바로잡을 수 있다. 타인의 객관적인 피드백이 쌓이면 자신의 진짜 모습을 이해하는 데 큰 도움이 된다.

완벽주의 성향을 버려라

완벽주의 성향이 있는 사람들이 가면 증후군을 겪는다. 마음속 깊은 곳에 '나는 완벽주의자'라는 캐릭터를

설정하고 항상 자신을 부족하다고 느낀다. 그러나 학업이나 업무의 초기 단계에는 언제나 완벽함보다 완성이 더 중요하다. 작은 성취 하나하나를 소중히 여기고 그 성취들을 토대로 성장하는 과정이 진정으로 훌륭한 삶이다.

무엇보다 중요한 것은 스스로의 가면 증후군을 인정해야 한다는 것이다. 그것이 이 증상을 이기는 가장 좋은 방법이다. 내가 사기꾼이라는 생각이 들 때마다 입으로 소리 내어 말해보자. "내가 여기까지 온 데는 다 이유가 있다!"

POINT

큰 성취를 하고도 스스로를 인정하지 못하는 심리적 현상이 존재한다. 그걸 인정하는 것만으로도 조금씩 좋아질 것이다.

기분이 태도가 되지 않게

기쁨도 슬픔도 생각보다
오래가지 않는다

'로또 1등에 당첨된 사람은 과연 행복할까?'

'병으로 고생하고 있는 사람은 불행할까?'

복권에 당첨된 사람은 아주 행복할 것이고 병마와 싸우고 있는 사람은 아주 불행할 거라고 생각하는 사람이 많다. 하지만 결코 그렇지 않다. 행복지수에 관한 연구 결과에 따르면 복권에 당첨된 사람은 생각만큼 행복하지 않았고, 병에 걸린 사람은 생각만큼 불행하지 않았다.

대부분이 예상하는 행복의 기준과 행복지수가 다른

이유는 '적응성 편견' 때문이다. 적응성 편견이란 자신의 적응력이나 대처 능력을 과소평가하는 반면, 어떤 일이 인생에 미칠 안 좋은 영향을 과대평가하는 것을 말한다. 질병에 시달리는 사람이 고난에 적응하는 능력을 과소평가하고 복권 당첨자의 즐거운 시간을 과대평가하는 것이 그 예다.

좋은 일이 주는 기쁨은 오래가지 않는다

예를 들어 보자. 당신이 갑자기 승진해서 연봉이 올랐다면 아주 기분이 좋을 것이다. 그런데 이 기쁨은 얼마나 오래갈까? 두세 달이 지나 인상된 월급에 적응이 됐을 때도 여전히 처음처럼 기쁠까? 대부분은 그렇지 않다. 아마 새로운 직위와 연봉은 이미 자신에게 당연한 성취가 되어서 또 다른 불만이 생기기 시작했을지도 모른다.

바로 이런 착각들이 우리가 결정을 내리는 과정에서 중요한 이성적 요인들을 간과하게 만든다. 우리는 결정을 내릴 때 자신이 오래도록 기쁘고 즐거워할 수 있는 것에 중점을 두지만 실제로 그 즐거움은 대부분 일시적이다.

인간은 불리한 환경에도 어느새 적응한다

실연당한 사람들은 세상이 전부 끝나버린 것처럼 군다. 밥도 안 먹고 하루 종일 넋이 나가 있다가 그 사람 없이는 삶의 의미가 없다며 운다. 하지만 그걸 지켜보는 사람들은 알고 있다. 어느 정도 시간이 지나면 실연당한 사람이 다시 현실로 돌아와 멀쩡히 일상을 살아갈 수 있다는 것을 말이다. '바둑 두는 사람보다 구경꾼이 더 잘 아는 법이다'라는 중국 속담이 있다. 당사자보다 제삼자가 더 잘 안다는 뜻이다. 실연당한 사람은 고통스러운 시기가 끝나지 않으리라고 생각하지만 삶은 누군가가 갑자기 사라진다고 해서 멈추는 것이 아니다. 인간은 적응의 동물이고 적응력을 통해 우리는 더 크고 많은 고난을 이겨낼 수 있다.

한 가지 기억해둘 것은 사람은 정신적인 가치보다 물질적인 가치에 적응하는 능력이 훨씬 뛰어나다는 점이다. 연봉이 올라 신이 나는 기간은 결코 길지 않다. 회사에서 주는 성과급과 가족들과 떠나는 여행 사이에서 결정을 내려야 할 때, 여행은 영원한 추억을 남길 수 있지만 성과급은 다 써버리면 금세 잊히는 기억이라는 것을 염두에 두자. 물질적 보상을 과대평가하면 인생에서 진짜 중요한 것들을 놓칠 수 있다. 적응의 힘은 언제나 당신의 생각보다 크다. 큰 행운도 큰 불운도 우리의 긴 인생을 잠시 스쳐갈 뿐이다.

POINT

기쁨에도 슬픔에도 우리는 생각보다 빠르게 적응한다.

낙관적인 사람은
항상 같은 곳에서 넘어진다

우리는 낙관적인 태도에 아주 높은 점수를 준다. 어릴 때부터 낙관적으로 세상을 바라보라는 가르침을 수없이 들었기 때문이다. 반대로 비관적인 태도는 몹시 부정적인 영향을 끼친다고 믿는다. 하지만 뭐든 지나치면 좋지 않다. 지나친 낙관 또한 인생에 도움이 안 될 수도 있다.

지나친 낙관주의적 태도를 '낙관적 편견'이라고도 말한다. 이는 자신에게 긍정적인 사건이 발생할 확률이 다른 사람에 비해 높다고 인식하는 경향을 말한다. 자신이

지나친 낙관주의자는 자신의 미래는
언제나 밝을 것이라고 생각한다.
하지만 현실은 그리 순조롭지 않다.

복권을 사서 당첨될 확률이 다른 사람이 당첨될 확률보다 높다고 생각한다거나 자신에게 안 좋은 일이 벌어질 확률은 거의 없다고 생각하는 경우로 설명할 수 있다. 불규칙한 생활 리듬으로 살고 있으면서 건강에는 아무 문제가 없다고 자신하는 사람이 그 예다. 또 자신의 능력을 과신하는 낙관주의자들은 심각한 착각에 빠지기도 한다. 누가 보기에도 억지스러운 소통을 한 뒤에 스스로를 소통의 달인이라고 오해한다.

지나친 낙관주의자는 미래에 대해 상상을 초월하는 기대감을 갖는다. 자신의 미래는 언제나 최선의 방향으로 발전할 것이라고 생각한다. 하지만 현실은 그리 순조롭지 않다. 결국 그들을 기다리는 것은 실망뿐이다. 그렇게 커다란 기대치를 충족시켜주는 미래는 잘 없기 때문이다.

원하던 업계에 취업한 한 후배는 미래를 지나치게 낙관하고 있었다. 후배는 취업만 하면 머지않아 자신이 그 업계에서 크게 두각을 나타낼 거라고 믿었다. 자신의 미래는 왠지 술술 잘 풀려서 금방 잘나갈 것만 같다고 말했다. 하지만 막상 일을 하게 되니 회사 생활은 기대에 미치지 못했다. 현실과 기대치의 괴리감이 너무 크다는 것을 깨달은 후배는 다른 동기들보다 훨씬 빨리 지쳤고, 아무래도 업계가 잘 안 맞는 것 같다며 퇴사했다.

지나치게 긍정적인 사람들은 실패에서 교훈을 얻지 못한다. 그래서인지 항상 같은 자리에서 반복적으로 넘어진다. 그들은 문제가 발생할 확률뿐 아니라 문제가 미치는 영향력을 과소평가한다. 그 결과, 자신에게 불리한 선택을 끊임없이 반복한다.

예컨대 이런 성향의 사람이 직장에서 실패를 경험하면 자신의 잘못은 뉘우치지 못하고 '다음에는 운이 좋겠지, 그러면 다시는 이런 일이 벌어지지 않을 거야'라고 생각하며 실패의 원인을 외부적 요인에서 찾으려고 한다. 실패 자체를 너무 가볍게 여겨서 실패로 얻을 수 있

기분이 태도가 되지 않게

는 교훈은 무시해버린다. 그러니 다음번에 똑같은 문제 앞에 다시 서게 되었을 때 또다시 잘못된 판단을 내리게 되는 것이다.

또 지나친 낙관은 위험에 대한 경각심을 잃게 한다. 그들은 항상 모든 일이 순조롭게 진행되고 하늘이 무너져도 솟아날 구멍은 있다고 생각하기 때문에 엄연히 존재하는 위험을 못 본 체한다. 시험 전날 벼락치기를 하는 학생들은 대부분 참 긍정적이다. 공부할 양이 얼마 되지 않아서 하룻밤이면 충분히 외울 수 있다고 생각한다. 그래서 다른 가능성은 염두에 두지 않는다. 시험 난이도가 너무 높아서 단순 암기로는 풀지 못한다거나 예상했던 것보다 공부할 게 많으면 밤을 새워 공부를 해도 결코 목표를 달성할 수 없다.

지나친 낙관은 머릿속을 흐리게 만든다. 비관에 치우치는 것이 좋지 않듯이 낙관도 마찬가지다. 무조건적으로 낙관을 찬양하는 분위기는 바뀌어야 한다. 무엇보다 중요한 것은 객관적인 상황 판단이다. 통제하지 못할 낙관보다는 현실을 믿자.

POINT

지나친 낙관은 머릿속을 흐리게 만든다.

기분이 태도가 되지 않게

감정을 계속 억누르다 보면 생기는 일

H는 어린 시절에 언제나 완벽해 보이고 흠 잡을 데 없는 다른 집 아이를 닮고 싶었다. 그 친구처럼 철든 모습만 보여주고 싶어서 고집을 꺾고 성질을 누르며 부모님의 관심을 끌곤 했다. 그렇게 조금씩 '다른 집 아이'가 되어갔다. 그 결과, 거짓말과 속임수를 자연스럽게 습득했다. 무엇보다 자연스럽게 생기는 감정을 억누르느라 죄책감에 사로잡혔고, 결국 자기의 진짜 모습을 잃어버리고 말았다.

이것이 바로 감정 억제에 따른 후유증이다. 감정 억

제는 단지 의식적으로 어떤 생각이나 감정을 통제할 뿐, 우리가 어디서나 환영받는 사람이 되는 데 도움이 되지는 않는다. 당신과 관점이 다른 직장 동료가 의견을 고집한다고 하자. 원래 성질대로라면 목소리를 높이든 화를 내든 해서 상대방을 최대한 설득했을 테지만 결국에는 당신의 생각을 숨기는 선택을 한다. 나만 참으면 모든 문제가 원만하게 해결되리라고 믿기 때문이다. 그러나 현실은 그렇게 호락호락하지 않다. 동료는 주장을 더 내세우며 기고만장해질 뿐이고 당신은 그냥 상황을 개선하기를 포기한다. 이런 상황이 반복되면 점차 자신을 표현하는 방법을 잃어버리게 된다.

감정은 결코 억누를 수 있는 것이 아니다. 감정이나 생각은 억제하면 할수록 오히려 더 강해지고 억제가 안 되면 더 강력한 억제가 필요해진다. 이런 악순환은 당연히 정신 건강에 좋지 않다.

어린 아이가 오랫동안 감정을 억압하고 해소하지

기분이 태도가 되지 않게

못하면 밥을 거부하거나 사람과 만나기를 피한다. 또 다 큰 것처럼 행동하면서 수단과 방법을 가리지 않고 어른들의 기분을 맞추고 눈치를 살핀다. 아주 작은 칭찬을 받기 위해 어린아이의 순수한 모습을 잃어버리는 것이다.

성인의 경우에는 어떨까. 감정 억제가 오래되면 순간적으로 감정이 폭발하게 된다. 쉽게 초조해지거나 싫증을 내고, 고집을 부려서 사회생활에서도 어려움을 겪는다. 남에게 깊은 상처를 주기도 한다. 감정을 억누르는 것이 반복되면 습관이 되어 기쁨이나 희열 같은 밝은 감정도 잘 표현하지 못하게 된다. 인생이 재미없어지고 무미건조해지는 것은 당연한 수순이다. 감정을 억누르는 습관은 반드시 고쳐야 한다.

어떻게 고칠 수 있을까? 먼저 자신이 무엇을 어떻게 느끼는지를 살펴야 한다. 감정을 억누르는 사람은 감정이 생길 것 같은 조짐이 보이면 재빨리 무의식에 넣어버린다. 감정에 대한 면역력이 전혀 생기기 않아서 감정의 무게를 버틸 자신이 없기 때문이다. 일단 자기의 느낌을 스쳐 보내지 말고 직시할 용기를 내야 한다.

그러나 자신의 감정을 알아차리는 것은 결코 쉽지 않다. 우리는 자신이 무엇을 느끼는지조차 정확히 모른다. 누군가가 기분이 어떠냐고 물었을 때 이렇게 대답하는 사람이 많다.

'잘 모르겠어. 그냥 기분이 별로야.'
'우울한 것 같아.'

'~한 것 같다'라고 에둘러 말하지 말고, '나는 화가 났다'라고 분명하게 말하는 연습을 하자. 꾸준히 운동해야 근력이 생기듯이 감정을 표현하는 연습도 조금씩 꾸준히 해봐야 는다. 그러다 보면 느낌을 정확히 표현하고 전달하는 것이 자신에게 전혀 해가 되지 않음을 깨닫게 될 것이다. 오히려 억눌린 감정이 폭발할 듯한 위

기분이 태도가 되지 않게

험이나 표현을 제대로 못해서 생기는 답답함을 느끼지 않아 훨씬 건강한 마음 상태를 유지할 수 있다.

인생은 자유로워 보여도 언제나 족쇄를 달고 추는 춤과 같다. 우리가 무언가에서 벗어나려고 할수록 스스로 손발을 묶는 셈이 된다. 내 크고 작은 마음들에 관심을 가져주자. 진정으로 자유로워질 수 있는 방법은 내 안에 있다.

POINT
감정이나 생각은 억제하면 할수록 오히려 더 강해지고 억제가 안 되면 더 강력한 억제가 필요해진다.

5장

나쁜 감정으로부터
나를 지키는 연습

지나치게 깊이 생각하지 않아야
나를 지킨다

불안감

회사의 마케팅 담당자인 D는 최근 고민이 생겼다. 몇 년까지만 해도 튼튼한 회사였는데 최근 들어 업계 경쟁이 심해짐에 따라 회사 사정이 갈수록 나빠졌다. 업무량이 늘지는 않았지만 업무 스트레스가 심해져서 점점 예민해지고 잠도 제대로 잘 수 없었다. 좀처럼 업무에 집중을 할 수가 없어서 얼마간 일을 쉬어야 했다.

한 치 앞도 예상할 수 없는 이 시대를 살아가는 사람이라면 너나없이 스트레스로 인해 불안함과 무력함을 느낀다. 예컨대 고등학생이 되면 좋은 대학교에

갈 수 있을지 고민하고 대학생이 되면 대학원 진학과 취업 사이에서 갈등한다. 취직을 하고 나서는 남보다 뒤처지는 것 같아서 불안해하다가 중년이 돼서 살 만하다 싶어지면 또다시 은퇴 후의 인생을 고민한다. 이렇게 우리는 거의 평생 동안을 불안해하고 초조해한다. 가끔은 왜 이렇게 살아야 하는지 도무지 이해가 안 된다. 정말 이렇게 평생 불안해해야 한다고?

너무 걱정하지 마라. 불안함을 느끼는 건 당신만이 아니다. 불안함은 대개 너무 많은 생각에서 비롯된다. 벌어지지 않은 미래의 일들을 머릿속으로 그리는 버릇을 버리고 당장 눈앞에 닥친 일을 하자. 할 수 있는 일은 잘 해내고 할 수 없는 일은 시간에 맡겨도 된다. 이를 위해서는 해야 할 일을 작게 세분화하여 하나하나 천천히 진행하는 것이 좋다.

어떤 일에 도전하고 있다면 너무 많이 생각하지 말고 '그냥 하자'. 그러면 생각보다 불안하지 않다는 걸 금세 깨달을 것이다. 당신이 생각해야 하는 것은 당신이 해내야 하는 일이지, 아직 일어나지 않은 불확실한 상황이 아니다. 우리는 내일에 대한 불안함에 빠져 있는 것이 아니라 현재 자신에게 주어진 일에 귀중한 시간을 쏟아야 한다. 우리는 내일이 아닌 오늘을 살고 있다.

사람 사는 일상은 다 비슷비슷하다. 침대에 누워 스마트폰을 보면서 대학교를 졸업하면 어떻게 먹고 살아야 할지 불안해만 할 뿐, 공부를 하지도 않고, 이력서를 쓰거나 채용박람회를 기웃거리지도 않는다. 직장인이라고 다를까. 인스타그램으로 보는 잘난 사람들을 부러워하면서 나는 언제 연봉이 오르나 걱정만 하고 있다. 일을 더 잘 해내기 위해 고민하거나 자신의 몸값을 높이는데 시간을 쓰지 않는다. 이들의 문제는 생각 그 자체에 있다. 뭔가를 해야 한다는 생각은 가득하지만 실행에 옮기지는 않는다.

딱히 별일도 없는데 불안할 때 그 이유를 찾아보면 하

고 싶거나 해야 할 일을 전혀 시작하지 못하고 있는 경우가 많다. 월급쟁이로는 미래가 보이지 않아 투잡을 해야겠다는 생각만 하고 늘 소파에 누워 예능 프로그램만 보고 있지는 않은가? 뭐라도 해야겠다는 생각만 있고 아무 행동도 하지 않고 있으면 무언가를 처리하지 않은 듯한 찝찝함이 마음 한 편에 남아 있을 수밖에 없다.

먼저 이루기 쉬운 작은 목표를 세워보자. 매일 한 발짝씩 실행에 옮기다 보면 보다 계획적으로 난관을 극복할 수 있다. 성장이란 불안해하며 탐색하고 실행하며 이뤄내는 과정이다. 불안함과 함께한 성장은 결국 우리를 단단하게 만들어준다.

POINT

무슨 생각을 해?! 그냥 하는 거지, 뭐!

기분이 태도가 되지 않게

상처는 살아가는 힘이 된다

"많이 용감해졌다고 생각했는데, 어떤 상처들은 아직도 잊히지가 않네요. 왜 그럴까요?"

C의 사연에서 커다란 아픔이 묻어났다. 알고 보니 C의 어머니는 무척이나 엄했다. 어릴 때부터 그녀는 어머니의 말을 한 번도 거역한 적이 없었다. 자신의 의견을 말하지 못했고 항상 속으로 삭였다. 그렇게 말 잘 듣는 딸이 되려고 노력했음에도 어머니는 늘 그녀에게 엄격했다. 보충 수업을 하느라 집에 늦게 들어 간 날에도 어머니는 화가 머리끝까지 나 있었다. 어머니는 딸

의 얼굴을 보자마자 이유는 묻지도 않고 무작정 뺨을 때렸다. 그때부터 C는 어머니에게 마음의 문을 닫았다.

지금 두 사람의 관계는 그때보다 나아지긴 했지만 C는 어머니가 얼굴을 살짝 찡그릴 때마다 여전히 걷잡을 수 없는 두려움에 휩싸이고 만다. 20대 중반이 넘은 나이에도 귀가 시간이 조금만 늦어질 것 같으면 초조함으로 몸을 떨었다.

많은 사람들이 C와 비슷한 경험을 한다. 시간이 지나면 조금씩 무뎌지긴 하지만 가족에게 받은 상처나 친구에게 배신당한 경험은 쉽게 지워지지 않는다. 성인이 되어 뛰어난 판단력으로 업무를 처리하고 활발한 사교생활을 한다고 할지라도 충격적인 사건은 기억에 달라붙어 결코 떨어지지 않는다. 이런 기억들은 큰 성인을 순식간에 무력한 어린이로 되돌린다. 학대당한 경험과 관련된 사람이나 사물, 혹은 아무 의미 없는 사소한 행동도 트라우마를 자극한다.

기분이 태도가 되지 않게

무력했던 어린 당신에게 말해주자.
지금의 당신은 모든 문제와 고민을
해결할 수 있을 만큼 강한 어른이 되었다고.

나쁜 기억이 오래가는 근본적인 원인은 그 당시에 감정을 바로바로 처리하지 않은 데에 있다. 사건이 끝난 지는 오래되었지만 고통은 지금까지 계속되는 것이다. 자신에게 별로 중요하지 않은 감정은 곧바로 다른 감정으로 대체된다. 그러나 제대로 표현하지 못하고 스스로 해소하지 못한 감정의 응어리는 마음속에 그대로 남아 있다. 응어리는 마음 한 구석에 삐져나온 가시가 되어 실수로 잘못 만지기라도 하면 죽을 만큼 아프다.

이런 사람은 자신이 약하기 때문에 이렇게 오랫동안 힘든 거라는 열등감에 사로잡힌다. 그래서 상대방이 더이상 자신을 함부로 대하지 못하도록, 외부로부터 오는 압력에 충분히 대항할 수 있을 정도로 자신을 강하게 만들려고 노력한다. 자신에게 너무 엄격한 채찍질은 피해야겠지만 강해지려는 노력은 필요하다. 이 또한 하나의 성장이며 승화이기 때문이다.

기분이 태도가 되지 않게

두려움에 떨던 무력하고 어린 당신에게 지금의 당신은 모든 문제와 고민을 해결할 수 있을 만큼 힘이 세고 강한 어른이 되었다는 것을 말해주길 바란다. 그리고 연약함과 아픔은 모두 과거에 속한 것이라는 사실도 말해주자. 현재의 당신이 이전의 아픔에 대처할 수 있다는 것을 확인할 수 있을 정도로 성장하는 것이 효과적인 방법이다. 자신의 성장을 확인하게 되면 과거에 경험한 상처에 자신감 있고 태연하게 대처할 수 있다.

잊히지 않는 것들을 굳이 지우려고 애쓸 필요는 없다. 이 모든 것들이 우리가 성장해온 흔적이기 때문이다. 과거의 상처를 마주보는 것만으로도 자신을 알아가고 성장시키는 데 중요한 동력이 된다. 정말 강한 사람은 상처를 한 번도 받지 않은 사람이 아니다. 상처가 있지만 그것을 직시하고 이겨내 더 나은 내가 된 사람이다. 그러니 마음을 열고 상처를 성장의 힘으로 바꿔보자. 비바람이 휘몰아치는 날들을 이겨내야 비로소 화창한 날을 맞이하게 될 것이다.

POINT

두려움에 떨던 어린 당신은 이제 문제를 충분히 해결할
수 있는 강한 어른이 되었다.

기분이 태도가 되지 않게

허세 부리는 사람들이 숨기고 있는 것들

허영심

　과도하게 허영심을 보이는 사람에게서 오히려 그의 결핍을 느꼈던 적이 있다. K는 언제나 자신의 유명한 연예인 지인에 대해 말하는 걸 즐겼다. 처음에는 신기한 인연이라고 재미있게 들어주었는데, 만날 때마다 자기 이야기보다 그 지인과의 친분을 과시하는 에피소드를 더 오래 이야기했다.

　나는 그럴수록 당신의 진짜 이야기를 더 해달라고 했고 아주 나중에서야 K는 외로웠던 학창 시절에 대해 말해주었다. 어린 K를 힘들게 했던 인간관계 문제는 K

의 아픈 구석이었다. 하지만 그는 자신의 결핍에 대해서 잘 인지하지 못하고 있었다. 그래서인지 자기도 모르게 관계에 능숙하고 인기 많은 척 허세를 부리는 사람이 되어 있었다.

하지만 그의 허세는 역효과를 불러일으킬 뿐이다. 유명한 지인이 있다고 사람들의 인정을 받을 수 있을까? 그 사실이 그 사람에 대해 알려주는 정보값이 있는가? 그렇지 않다. 사실 허영심에 사로잡힌 사람들이 집착하는 것에 다른 사람들은 딱히 관심이 없다. 대충 부러워하는 척을 해주고는 '비호감'이라는 딱지를 붙인다.

과도한 허영심은 왜곡된 자존심이자 허울만을 추구하는 성격적 결함이다. 이런 사람은 주변의 관심을 받는 것을 너무나 중요하게 생각한다. 남의 관심을 억지로 끌어오려다 보니 유치한 행동을 하기도 한다. 기회만 생기면 자신의 장점과 실적을 자랑하고, 칭찬 듣는 것만 좋아하며 비판은 극도로 배척한다. 자신의 부족함을 지적

기분이 태도가 되지 않게

받으면 시치미를 뗀다거나 급히 화제를 돌린다. 허영심이 강한 사람은 인생을 너무 피곤하게 산다!

허영만을 좇는 사람의 최후는 득보다는 실이 많다. 스트레스와 욕망이 더해져 나중에는 밑 빠진 독에 물을 붓는 것처럼 아무리 많은 욕구를 충족한다 하더라도 만족을 느끼지 못한다. 그렇다면 우리가 어떻게 해야 허영심에서 벗어날 수 있을까?

자존감을 회복해야 한다

허영심의 이면에는 과도한 열등감과 자부심이 숨어 있다. 열등감은 결점을 숨기려고 하고 자부심은 자신을 강하게 드러내려고 한다. 이 두 가지가 함께 나타나면 허영심은 그야말로 물 만난 고기처럼 급물살을 탄다.

열등감에 사로잡힌 사람인 경우 자신감을 갖도록 노력해야 한다. 단점을 들킬까 봐 조급해하며 자신을 부정하지 말고, 천천히 보완해나가자. 또 반대로 자만심이 가득한 사람은 겸손해질 필요가 있다. 자신의 장점을 스스로 잘 발견하는 편이기 때문에 그에 관한 노력을 굳이 할 필요도 없다. 다른 사람이 발견할 수 있도록 내버려두자. 이미 자신의 장점을 충분히 어필했으니 이제부터는 자기 대신 주변 사람들에게 관심을 가져라. 그리고 상대방의 장점은 배우고 자신의 부족함은 보완하는 사람이 되자.

허영심을 좋은 방향으로 사용할 것

허영심이 없는 사람은 세상에 없다. 과도한 허영이 문제일 뿐이지 마음속에 생기는 욕구를 어떻게 충족할지는 누구에게나 중요한 문제다. 그러니 허영심이 생기는 자신을 미워하기보다는 자기 안의 허영심을 어떻게 다뤄야 하는지 고민하고, 내가 허영심을 어떤 방식으로 밖으로 드러내는지를 살펴야 한다. 자신에게 어울리지 않는 것을 좇는 본인도 가끔씩 자괴감을 느낀다.

마음을 지배하려는 허영심을 잘 다뤄서 좋은 쪽으로 사용해보자. 지적 허영심도 괜찮고, 사회적으로 선한 행동을 다른 사람에게 전파시키려는 욕구도 좋다. 진짜가 아닌 것을 탐하기 위해 더 이상 자신을 힘들게 하지 말아야 한다.

POINT

허영심을 과도하게 드러내다 보면 오히려 숨기고 싶은 결핍을 보여주게 된다.

친구를 질투하는 내가 미워질 때

얼마 전에 고등학교 동창 모임에 다녀왔다. 즐겁게 시간을 보내고 집에 가는 길에 친구 C가 빠르게 말을 쏟아냈다. "J 말이야. 엄청 허세 부리지 않아? 요즘 좀 잘나가는 모양인데 그걸 어떻게 믿어? 학교 다닐 때 공부도 못하고 성격도 별로였잖아."

알고 지낸 지 오래된 C는 나에게 항상 온화한 사람이었다. 그런데 최근 몇 년 사이 그녀는 변해갔다. 친구들과 모인 자리에서 C는 자신에 대한 이야기를 하기보다는 남을 주제로 이야기했다. 내가 대화의 주제를 돌려도 정신을 차려보면 어느새 또다시 다른 사람에 대해 이러 쿵저러쿵 이야기하고 있었다. 남을 평가할 때만 유독 예 리한 관찰력과 날카로운 판단력을 보이는 C를 보면서 나는 대꾸할 의지를 잃고 말았다.

C가 원래부터 이런 사람은 아니었다. 고등학교 때 그 녀는 반에서 모범을 보이며 성적도 상위권을 유지했 다. 덕분에 자신감이 넘치고 반 친구들에게도 좋은 영향 을 주는 친구였다. 하지만 고3이 되자 C의 성적이 갑자 기 중위권으로 곤두박질쳤고 결국에는 대학교에 들어 가지 못했다. 그때부터 그녀는 자신에게 쏟던 관심을 다 른 사람들에게 쏟기 시작했다. 이런 습관은 일을 시작하 고 나서 더 심해졌다. 언제나 회사 사람에 대한 이야기를 했는데, 동료의 성과는 물론 인성을 깎아내리곤 했다.

C는 '질투'라는 심리에 조종당하고 있었다. 대학교 입 시에서 떨어진 이후로 그녀는 자신보다 우수한 사람들 이 아주 많다는 사실을 알게 되었다. 오랜 시간 가져왔

던 우월감이 이유 없이 사라지기 시작했고, 극심한 좌절감을 느꼈다. 겉으로는 아무렇지 않은 척했지만 극심한 스트레스로 속앓이를 했을 것이다.

C에게 나의 걱정을 내보였더니 그녀 역시 자신의 변화에 대해 인식하고 있었다. 자기 일이 안 풀릴수록 사람들을 향한 시기심을 멈출 수가 없다고 했다. 시간이 흐르면서 이런 부정적인 감정은 눈덩이처럼 점점 불어나 이제는 남이 잘나가는 모습을 보면 너무 힘들다고도 했다. C가 말한 것처럼 그녀는 몇 년간 스트레스를 심하게 받았다. 부정적인 감정이 누적되다 보니 스스로 자랑스럽게 여기던 평온한 자신의 모습은 어딘가로 사라지고 없었다.

남의 행복을 지켜보는 것은 여간 힘든 일이 아니다. 질투하는 감정이라도 들면 엄청난 에너지를 소비하게 된다. 그뿐만 아니라 부정적인 감정을 쌓아두면서 정작 자신이 추구하는 중요한 가치를 소홀히 하게 된다.

기분이 태도가 되지 않게

질투는 자신에 대한 불신에 뿌리를 두고 있기 때문에 이를 인정하는 것도 쉬운 일은 아니다. 우리가 다른 사람을 시기하는 것은 자기 자신을 부정하는 것과 마찬가지다. 상대방이 뛰어나기 때문에 내가 못났다고 생각하고, 이 생각은 상대방에게 내가 '졌다'는 결론으로 이어진다. 혼자서 경쟁 구도를 만들고 마음대로 승패를 가르는 것이다.

다시 말해서, 질투심은 비교에서 나오는 감정이다. 우리는 어릴 때부터 누군가와 비교당하며 자랐다. 비교당하는 것에 익숙해지다 보니 자연스럽게 자신과 남을 비교하는 습관이 생겼다. 남과 나를 비교하는 태도는 우리를 앞으로 나아가게 하는 동기부여가 되기도 하지만, 끊임없이 이어지면 마음을 황폐하게 만든다.

사실 더 확실한 동기부여 방법은 다른 사람과의 비교가 아니라 자기 자신과의 비교에서 이루어진다. 만약 비교를 통해 동기부여를 하고 싶다면 다른 사람이 아닌 자기 자신을 비교하자. 오늘의 자신이 어제의 자신보다 발전했다면 그것 또한 큰 희열이 된다. 삶의 무게중심을 남에게서 자신으로 옮겨 오면 불필요한 질투에 에너지를 덜 쓰게 될 것이다.

POINT
- - - - -
질투에 쓰는 에너지를 자신을 발전시키는 데 쓸 것!

기분이 태도가 되지 않게

후회를 인생의 무기로 바꾸는 기술

왜 우리는 무엇을 잃어버리거나 어떤 일을 겪어야 비로소 소중한 것을 깨닫게 될까. 내가 후회라는 감정에 대해 생각해보게 된 계기는 학창 시절에 할아버지를 잃을 뻔한 경험이다.

방학을 해서 집에 오랜만에 내려갔을 때였다. 평소 나를 아껴주던 할아버지가 암에 걸렸다는 소식을 전해 들었다. 평소 무척이나 건강하셨기 때문에 그 소식을 듣는 순간 하늘이 무너져내리는 것 같았다. 그리고서 나를 괴롭힌 감정은 엄청난 후회였다. 할아버지에게 쏟아

댔던 가시 돋친 말들이 떠올랐고, 바쁘다는 이유로 시간을 함께 보내지 못한 것이 미칠 듯이 후회스러웠다.

이런 경우 외에도 우리는 하루에도 몇 번씩 후회라는 감정을 느낀다. 누구나 겪어봤을 흔한 사례를 들어보겠다. 회사에 30분이나 지각을 해버렸다고 치자. 바쁘게 회사로 달려가면서도 머릿속에는 온통 후회뿐이다.

"아! 아침에 옷이 마음에 안 든다고 다른 옷으로 갈아입지 않았으면 안 늦었을 텐데."
"어젯밤에 입을 옷을 미리 준비해뒀으면 안 늦었을 텐데!"

이런 생각을 심리학에서는 '반사실적 사고'라고 한다. 후회를 할 때, 현실에서 일어난 일과 다른 결과를 상상하는 것을 말한다. 우리는 이런 상상을 해보면서 이미 일어난 사실과 맞닥뜨리기를 회피하는데, 어쩌면 자신이 다른 결과를 얻을 수 있다고 생각하는 것으로 위안

기분이 태도가 되지 않게

을 삼는 건지도 모르겠다.

현실과 가상의 차이가 매우 크면 상대적으로 나쁜 쪽이 종종 더 부각된다. 가상은 대개 아름다운 방향으로 나아가기 때문에 현실의 비극을 훨씬 두드러지게 한다. 이로 인해 우리는 후회의 늪에 빠져 스스로 벗어날 수 없게 된다. '뭔가를 하면 좋았을 텐데……' 혹은 '하지 않으면 좋았을 텐데……'라는 느낌은 썩 유쾌하지 않다. 어떻게 하면 후회의 고통에서 벗어날 수 있을까?

첫째, 또 다른 결과를 생각하라

반사실적 사고는 나의 형편없는 현실과 가상이 불러온 탄탄대로 사이의 격차를 점점 더 벌어지게 만든다. 그러므로 우리는 애초에 공평하지 않은 이 두 가지를 서로 비교하지 않아야 한다. 그 대신 또 다른 가능성이 가져오는 결과, 즉 가상의 나쁜 점들을 고려해야 후회하는 마음이 조금씩 작아진다.

예를 들어, '다른 옷으로 갈아입지 않았더라면 지각하지 않았을 것이다'라는 가상이 오히려 더 안 좋은 결과를 불러왔다고 생각해보자. 처음에 입은 옷을 그대로 입고 나왔다가는 갑자기 시작된 폭염에 힘들었을 수도 있다. 혹은 입고 온 옷이 마음에 안 들어서 하루 종일 기분이 별로였을 수도 있다. 이렇게 몇 가지 나쁜 결과를 가정하고 나면 마음이 한결 편안해진 것을 느낄 수 있다. 심지어 자신의 결정을 다행으로 여길 만큼 여유가 생길지도 모른다.

둘째, 후회의 힘을 긍정적으로 활용하라

후회는 부정적인 감정이지만 긍정적인 역할을 하기도 한다. 지금의 이 아쉬운 감정은 나를 성장시키고 내가 더 나은 선택을 할 수 있게 하는 계기가 된다. 변화와 행동에 동기를 부여하는 힘이 되어주는 것이다.

셋째, 후회라는 변수를 고려하라

이것은 후회를 하기 전에 선행되어야 하는 것이다.

인간은 반드시 먼저 생각하고 행동해야 한다. 이 일을 하고 난 후에 우리가 후회할 수도 있을 거라는 생각을 한번쯤 해보는 것이 좋다. 특히 중요한 일을 결정할 때에는 후회라는 요인을 항상 함께 고려해라. 어떤 일은 하면 잠깐 후회할 수 있지만, 하지 않으면 평생 동안 후회하게 된다. 후회의 가능성을 멀리까지 내다보고 결정하자.

POINT

후회는 더 나은 나를 만들어주는 기폭제가 된다.

기분이 나빠지면 폭식하는 이유

감정적 허기

"다이어트에 이별만큼 좋은 방법은 없어. 그냥 불타는 연애 한번 하고 헤어지면 밥은커녕 물 생각도 없어질 걸. 그럼 자연스럽게 살이 빠지겠지."

"절대 못 해. 나는 차이면 하루 종일 먹기만 할걸."

"하루 종일 먹는다." 정말 딱 맞는 표현이다. 기분이 안 좋으면 끊임없이 무엇을 먹고 싶어 하는 사람들이 있다. 배가 고프지도 않으면서 과자며 초콜릿이며 손에 잡히는 대로 먹어치운다. 살이 찌는 것은 물론이고 건강에도 좋지 않다.

기분이 태도가 되지 않게

몸의 문제만이 아니다. 폭식을 하고 나면 죄책감과 자괴감이 밀려온다. 심하면 음식을 먹은 뒤 토를 하거나 설사약을 먹는 등 극단적인 방법으로 죄책감을 덜어내는 사람도 있다. 상황이 이쯤 되면 지금 무엇을 먹고 있는지 맛이 있는지 없는지도 모른다. 그저 관성으로 음식을 입에 넣고 또 넣는 것이다.

우리는 진짜 배고픔과 가짜 배고픔을 혼동하는 경우가 많다. 가짜 배고픔은 감정적인 허기를 몸의 허기로 착각하기 때문에 생긴다. 감정적 자극으로 인해 충동적인 식탐이 발생하고, 이를 억제하기는 쉽지 않다. 이때 음식은 정서적 욕구를 채워주는 도구로 사용될 뿐 더 이상 생리적인 배고픔을 해결하는 수단이 아니다. 음식이 즐거움의 수단이 아니라 해소의 도구로 전락하고 마는 것이다. 폭식은 식습관의 문제이기도 하지만 감정적 원인이 더 크게 작용한다.

심리적 배고픔은 음식으로 채워지지 않는다.

감정적 허전함이 오랫동안 지속되면 우리는 배고
픔과 공허함을 구분하지 못하게 된다. 특히 다른 사람
이 자신의 감정을 이해해주지 않을 때 내면의 공허함
이 강하게 반응한다. 이때 먹는 행위는 우리가 공허함
을 느낄 때 무의식적으로 나타난다. 마음의 구멍을 음
식으로 채우겠다는 가장 단순하고 직접적인 반응인 것
이다.

그래서 우리는 힘들 때면 습관적으로 무엇을 먹음으
로써 스스로를 위로한다. 심심할 때도 화가 날 때도 배
달 음식을 시켜 기분 전환을 꾀하곤 한다. 하지만 이
런 상태가 계속되면 생리적인 배고픔과 감정적 공허함
을 제대로 구분할 수 없게 되고, 최악의 상황에서는 어
떤 감정을 느끼든 무조건 먹는 것으로 위안을 받으려
고 한다.

자라면서 상실감이 몰려올 때 다른 사람의 공감과 위로를 받은 경험이 없다면, 자신의 부정적인 감정을 어떻게 달래야 하는지 모르는 것은 당연하다. 사람은 다른 사람의 위로를 통해 자기 자신을 위로하는 방법을 터득하기 때문이다. 자신을 위로하는 능력이 결여된 사람은 부정적인 감정이 생겼을 때 감정적 공감과 지지를 어디서 구해야 할지 모른다. 그때마다 손쉽게 기분을 풀어주던 것이 음식이었을 것이다. 우리의 뇌에서 흥분과 행복의 신호를 전달하는 도파민은 좋아하는 음식을 먹었을 때에 분비량이 늘어난다. 음식을 먹을 것이라는 기대감만으로도 도파민이 분비된다는 연구 결과도 있다. 감정적 허기가 느껴질 때 음식을 찾는 것은 너무나 당연한 일이다.

하지만 가짜 배고픔으로 인한 감정적 식사가 오래 지속되면 통제력을 잃기 쉽다. 언제 무엇을 먹을지 먹지 않을지, 또 얼마나 먹을지를 통제할 수 없다. 통제력을 잃으면 자존감을 상실하고 자신을 과소평가하게 된다. 그러므로 우리는 무엇을 먹으려고 하기 전에 먼저 정말 배가 고픈지 판단해야 한다. 정말 배가 고프다면 그때 먹어도 늦지 않다. 하지만 단지 감정적 공허함을 채우기 위함이라면 되도록 먹지 않는 것이 좋다.

심리적 배고픔은 음식으로 채워지지 않는다. 당장은 일상에 집중하는 방법이 가장 좋고, 근본적으로는 자신을 위로하는 방법을 천천히 알아가는 것이 좋다. 그제서야 마음의 공허함이 비로소 채워질 것이다.

POINT
먹는 것으로 기분을 풀려는 습관은 우리가 자신을 위로하는 방법을 제대로 알지 못하기 때문이다.

인간관계가 좋아지는 분노 활용법

분노는 현실을 오해할 때 비롯되기도 한다. 자신의 오해를 인정하는 것만으로도 분노는 사라질 수 있다. 한번 상상해보자. 어느 날 갑자기 남자친구의 스마트폰으로 사진을 찍어서 깜짝 놀라게 해주고 싶다는 생각이 든 당신, 그의 스마트폰에 저장된 사진을 뒤적이다가 그가 어떤 여자와 함께 찍은 사진을 발견했다. 사진 속 두 사람은 해맑게 웃고 있다. 이때 당신은 어떤 기분이 들까?

짐작컨대 그 순간을 맞닥뜨린 사람 중에 화가 나지 않

을 사람이 있을까. 평소 성격이 급한 사람이라면 휴대폰을 내던지고 남자친구와 한 마디도 하지 않을지도 모른다. 그 사진을 어떻게 찍게 되었는지 생각해보지도 않고 직접 본 것이 전부라고 믿는 것이다. 나중에 화가 좀 가라앉은 뒤 남자친구의 설명을 듣고 나서야 비로소 깨닫게 된다. 지난번에 참석한 동창회에서 기념으로 남겨두려고 친구와 함께 찍은 사진이고, 다른 친구들과 단둘이 찍은 사진도 많은데 하필 그 사진만 본 것이다. 그러고는 혼자 머릿속에서 소설 한 편을 써버리고 의심을 키웠다.

살면서 우리는 이런 크고 작은 오해들을 많이 하게 된다. 진실을 알게 된 뒤에는 후회가 밀려오긴 하지만 여전히 풀리지 않은 의심은 남아 있다. 분명히 내 눈으로 직접 보았는데, 어떻게 진실이 아닐 수 있는 걸까?

감정은 우리가 어떤 사물을 판단하는 데 영향을 미친다. 남자친구가 다른 여자와 같이 찍은 사진을 보면 자기도 모르게 '썸'이나 '바람'이라는 단어가 머릿속에 생성된다. 남자친구의 외도를 바라는 게 아니라 잠재적 위기감으로 인해 자기 보호 태세를 갖추는 것이다.

우리가 본 사물에 대해 잘못된 판단을 하는 것은 '맥락 효과' 때문이다. 쉽게 말해서, 우리가 처음에 부정적인 자극을 받았다면 그 뒤로는 무엇을 보더라도 우리 뇌에 부정적인 이미지가 남아 있을 수 있다는 것이다. 종종 무책임한 연예 뉴스가 이런 효과를 이용해 사람들을 현혹시켜 잘못된 여론을 조성한다. 대중의 관심을 끌기 위해 몰래 찍은 사진과 함께 사실에 약간의 허구를 더한 기사를 내보낸다. 우리는 자신도 모르게 기사와 사진으로 '조작된 사실'을 믿게 된다.

사람은 무슨 일이든 자기중심적으로 생각하는 습관이 있다. 다른 사람의 행동을 나에게 영향을 끼치기 위한 것으로 해석하고 판단하는 것이다. 내 앞에서 친구가 다른 친구와 소곤거리고 있으면 내 욕을 하고 있다고 넘겨짚고, 팀원이 보고를 늦게 하면 상사인 나를 무

기분이 태도가 되지 않게

시하기 때문이라고 추측한다.

　이는 우주가 자신의 중심으로 돌아간다고 착각하는 유아적인 생각이다. 내가 내면의 움직임으로 인해 생각하고 행동하듯, 다른 사람의 행동도 그들의 내면에서 시작된 것임을 알아야 한다. 당신이 보고 있는 것에 부정적인 감정을 느끼기 시작했다면 왜 지금 화가 난 건지, 누구의 문제인지, 자신이 잘못 생각하고 있는 것은 없는지, 이 일이 화를 낼만한 일인지 자문해보는 것이 좋다.

　내 마음이 지옥일 때는 세상 누구에게라도 악의를 느끼듯이, 내 마음이 편안해지면 남의 마음을 섣부르게 짐작하는 태도는 사라질 것이다.

　시인 소동파는 "내 눈으로 세상을 보면 나쁜 사람이 하나도 없다"라고 말했다. 누구나 부러워할 만한 마음의 상태다. 자신의 마음이 긍정적으로 변하면 우리

가 바라보는 세상도 자연스럽게 긍정의 에너지로 가
득 찰 것이다.

사람은 화를 낼 때
진짜 모습을 드러낸다

분노2

    결혼과 가족생활 영역에 세계적 권위를 가진 상담가 게리 채프먼은 인간관계에서의 분노를 다스리기 위해서는 5가지 단계를 거쳐야 한다고 말한다.

첫째, 화가 났다는 사실을 정확히 인식한다

    스스로 알아차리기가 쉽지 않을 수 있지만, 자신이 화가 났다는 사실을 인지하는 것이 중요하다. "그래! 나 지금 화났어!"라고 말하는 순간 '화'와 내가 분리된다. 그러면 욱하는 분노는 어느 정도 가라앉는다.

둘째, 분노에 휘둘리지 말고 행동을 통제한다

　분노라는 감정을 컨트롤할 수 있는 사람은 극히 드물다. 사람들이 분노를 컨트롤하는 방법은 극단적인 양상을 보이는데, 하나는 말이나 몸으로 화를 내뱉는 것이고, 다른 하나는 문제를 회피하고 동굴 속으로 들어가는 것이다. 이 두 가지 방법은 모두 위험하다. 이런 극단적인 상황을 피하기 위해서는 분노를 느끼면 먼저 진정할 필요가 있음을 인지하고 어떤 행동도 하지 않는 것이 좋다. 냉정하게 생각하고 난 뒤에 다시 대응을 해도 늦지 않다.

셋째, 분노를 일으킨 근본적인 원인을 찾는다

　우리는 뭉뚱그려 '분노'라고 생각하지만, 근본적인 원인은 항상 따로 있다. 만약 당신의 지인이 친분을 이용해 좋은 기회를 잡았다고 치자. 당신은 지인이 정당한 노력을 하지 않은 것에 화가 났다고 생각하지만, 마음의 깊은 곳을 따라가 보면 당신은 질투심 때문에 화가 난 것이다. 처음에는 무조건 상대방 때문에 화가 났다고 생

　　　　　　　　　　　　기분이 태도가 되지 않게

각하겠지만 문제는 자신에게 있을 수도 있다.

넷째, 선택 가능한 방안을 분석한다

스스로 생각하는 해결 방법을 모두 적은 다음 혼자 천천히 소리 내어 읽어보자. 일반적으로 우리에게는 두 가지 선택 사항이 주어진다. 하나는 깊은 애정으로 상대방의 잘못을 정확하게 지적하는 것이다. 다른 하나는 더 이상 이 일에 대해 따지지 않고 아예 상관하지 않는 것이다. 당신이 화내지 않고는 도저히 넘어갈 수 없는 일의 경계를 미리 잘 고민해두어야 한다. 그 경계를 넘어서지 않았다면, 화를 내지 말고 바로 용서하는 연습을 하자. 용서하는 것도 결코 쉬운 일이 아니다. 우리 모두가 용서해야 한다는 건 알고 있지만 모든 사람이 용서하는 방법에 대해 알고 있는 것은 아니다.

다섯째, 건설적인 조처를 취한다

상대방과 논쟁하기를 선택했다면 부드러운 분위기를 조성하고 상대방이 어떤 이야기를 하는지 경청해야 한다. 이때 괜히 자신의 거침없는 말로 화를 당하지 않도록 하자. 편안한 마음과 온화한 태도는 당신의 품격을 결정한다. 도저히 화를 누그러뜨릴 수 없다면 화를 내다가 상대와의 관계가 어떻게 악화되었는지를 떠올려보자. 심각한 결과를 초래했던 기억이 있다면 서로 화를 돋우는 일을 꺼리게 되고 쉽게 이성을 잃지 않을 수 있다.

누구든지 분노가 치밀어 오를 때 그의 진짜 모습을 알 수 있다. 그렇다고 모든 사람과 일에 절대 분노하지 말라는 말도 아니고 항상 마음이 평온하다고 해서 교양이 있는 것도 아니다. 제대로 화내고 분노를 잘 처리하면 오히려 상대방과 관계가 더 깊어지기도 하고, 분노는 하 '에너지'가 되어 나의 발전을 위한 동력이 되기도 한다.

POINT

분노가 치밀어 오를 때 사람의 진짜 모습을 알 수 있다.

기분이 태도가 되지 않게

즐겁고 행복한 척
연기하고 있는 당신에게

"가끔씩 사람들과의 모든 만남이 혐오스럽게 느껴진다. 강박관념에 사로잡혀 자꾸만 세상이 싫어진다. 나 자신조차 낯설게 느껴지고 세상의 높은 담벼락에 가로막혀 있는 것 같다."

전 세계 사람들에게 웃음을 주던 희극인 찰리 채플린이 한 말이다. 그가 털어놓은 이야기에는 가면성 우울증 환자의 심경이 고스란히 담겨 있다. 전형적인 우울증 환자와 달리 가면성 우울증 환자는 겉으로는 매우 밝고 긍정적이며 어두운 그늘을 절대 보이지 않는다. 친구들 사이에서도 인기가 많은 편이고, 유머러스하고 정이 많으며 남을 즐겁게 해주는 재주도 있다.

가면성 우울증을 겪는 사람은 대부분 위장의 달인이 되었기 때문에 가까운 사람들조차도 이상한 점을 눈치 채기가 쉽지 않다. 그들은 다른 사람에게 자신의 진짜 모습을 보이기를 꺼리는데, 나는 밝고 재밌는 사람이며 아무런 걱정 없이 행복하게 살고 있다는 일종의 '캐릭터 설정'을 했기 때문이다. 스스로 만들어낸 캐릭터 때문에 그들은 다른 사람 앞에서 즐겁지 않은 자신을 드러내길 거부하고 습관적으로 즐거운 척 연기를 한다.

그래서 가끔은 그들도 진짜와 가짜를 구별하지 못한다. 그들의 웃음은 자신을 보호하기 위한 갑옷이지만 동시에 자신을 겨냥하는 무기다. 이미 웃는 데 지치고 인간관계에 어려움을 느끼면서도 어쩔 수 없이 매번 같은 방법을 선택한다.

기분이 태도가 되지 않게

가면성 우울증 환자는 스스로 만들어낸 캐릭터
때문에 다른 사람 앞에서 즐겁지 않은
자신을 드러내길 거부하고 즐거운 척 연기를 한다.

"우울하다는 건 나약하다는 의미잖아. 다른 사람이 내가 우울증이란 걸 알면 날 어떻게 보겠어? 절대 내가 우울하다는 걸 들키고 싶지 않아."

"그나마 웃고 있어야 날 좋아해줄 거야. 웃지도 않는 나를 좋아할 사람은 아무도 없어."

"이 세상에 날 진정으로 이해해주는 사람은 아무도 없어. 하다못해 하소연할 사람도 없다고."

그들은 진짜 모습을 감춰야만 사람들의 관심을 받을 수 있다고 생각한다. 그들에게는 과거에 누군가에게 마음을 열었다가 무시당했거나 상처를 받았던 경험이 있을 확률이 높다. 사실 그런 경험은 누구에게나 있는 흔한 일이지만 가면성 증후군을 겪는 이들은 그 일을 제대로 처리하지 못한 경우다. 마음에 빗장을 걸어버린 그때부터 그들은 불안이나 고통 같은 부정적인 감정은 따로 돌보지 않아도 알아서 사라질 거라고 생각한다. 차라리 친구의 '비밀 상담소'가 될지언정 자신의 속마음은 조금도 털어놓지 않는다. 털어놓

고는 싶지만 친구에게 부담이 될까 선뜻 시도하지 못
한다.

　나는 마음을 주로 물에 비유한다. 흐르는 물은 때로
는 맑고 투명하고, 때로는 탁하고 더럽다. 사람의 마음
도 끊임없이 변화를 거듭한다. 자꾸 자신을 억누른다
면 흐르는 물을 댐으로 막아 저수지를 만드는 것과 마찬
가지다. 감정이 들어올 수는 있으나 나갈 수는 없다. 조
금씩 수위가 높아진 우울한 감정이 넘치기 시작했다면
댐은 언젠가 무너지고 말 것이다.

　편안하게 이야기를 나눌 수 있는 사람을 찾아봐야 한
다. 친구도 좋고, 가족이나 상담사, 혹은 아예 모르는 사
람이어도 좋다. 가슴이 답답해서 응어리가 쉽게 풀리
지 않을 때 그 사람을 찾아가서 하소연이라도 해보자.
그 사람이 당신의 문제를 모두 해결해주지는 못하겠지
만 최소한 당신 마음에 고여 있는 물은 다시 흐르게 해
줄 수 있다. 그러니 혼자 끙끙대며 자신을 꾸짖고 벌주

며 살지 않기를 바란다. 당신이 웃고 싶지 않을 때는 웃
지 않으면 좋겠다.

POINT

우울하거나 기분이 나쁘면 그것을 표현하는 것도 자연스
러운 일이다.

기분이 태도가 되지 않게

옮긴이 **박영란**

베이징 어언대학교 중국어영어과를 졸업하고 국제유치원 교사로 근무했었다. 현재
이화여자대학교 외국어교육특수대학원 국제중국어교육학과(TECSOL)에 재학중이
며, 번역 에이전시 엔터스코리아에서 출판 기획 및 중국어 전문번역가로 활동하고
있다. 주요 역서로는 『괜찮으니까 힘내라고 하지마』, 『말하기 힘든 비밀』, 『마윈의 성
공스토리 양쯔강의 악어(공역)』등이 있다.

기분이 태도가 되지 않게

초판 1쇄 발행 2020년 6월 30일
초판 39쇄 발행 2024년 8월 12일

지은이 레몬심리 **옮긴이** 박영란

발행인 이봉주 **단행본사업본부장** 신동해
책임편집 이혜인 **디자인** www.this-cover.com
마케팅 최혜진 이인국 **홍보** 반여진 허지호 송임선
국제업무 김은정 김지민 **제작** 정석훈

브랜드 갤리온
주소 경기도 파주시 회동길 20
문의전화 031-956-7208 (편집) 031-956-7089 (마케팅)
홈페이지 www.wjbooks.co.kr
인스타그램 www.instagram.com/woongjin_readers
페이스북 https://www.facebook.com/woongjinreaders
블로그 blog.naver.com/wj_booking

발행처 ㈜웅진씽크빅
출판신고 1980년 3월 29일 제406-2007-000046호

한국어판 출판권ⓒ 웅진씽크빅, 2020
ISBN 978-89-01-24365-8 (03180)

갤리온은 ㈜웅진씽크빅 단행본사업본부의 브랜드입니다.

※ 책값은 뒤표지에 있습니다.
※ 잘못된 책은 구입하신 곳에서 바꿔드립니다.